運動と健康

関根紀子

（改訂版）運動と健康（'22）

©2022　関根紀子

装丁・ブックデザイン：畑中　猛

s-65

まえがき

　人類は長い時間をかけて進化してきましたが，そのほとんどが，生きるために身体活動が必要な環境下にありました。しかし，私たちが暮らす現代は，日常生活を送るだけでは十分な身体活動量を維持することが難しい状況にあります。運動不足がもたらす様々な問題に対応するため，多くの人が「健康のためにわざわざ運動する」ことが求められていますが，頭では理解できていても継続的に運動を実行するのはなかなか難しいものです。

　身体活動量の減少は，若いうちは気づかなくとも，加齢とともに深刻な影響をもたらすことが予想されます。また，成人だけでなく子どもの活動量の減少についても，今後の影響が危惧されています。健康や体力が衰え始める前の若い時期に，積極的に身体を動かすことが推奨されていますが，若い時期はその大切さを実感することが難しい上，仕事や生活に精一杯で運動に取り組む余裕がない人も多いでしょう。ありがたいことに，運動は何歳になっても実施すれば効果が得られます。とはいえ，若いほうが得られる効果が大きいですから，後回しにせず，若いうちから積極的に運動に取り組むことをお勧めします。

　では，いったいどのような運動を行えばよいのでしょうか。一言で運動といっても，実施目的や年齢，性別，環境，身体状況によって，実施できる内容は様々です。また，目指す健康状態も人によって様々です。運動は諸刃の剣であり，不足してもやり過ぎても健康を損なう恐れがあります。したがって，目指す健康を手に入れるためには，自分にとってどのような運動がふさわしいのかを考えて実施するのが望ましいといえます。そのためには，運動中に身体で何が起き，何が運動効果に結びつ

4

いているのかを正しく理解することが重要です。

　本書では，運動と健康について，主に生理学的な側面から取り上げ解説しました。生理学は，身体の機能とそのメカニズムについて研究し理解を深める学問です。生理学，特に運動というキーワードが絡む運動生理学は，生物学や化学，栄養学や医学などの知識を基盤とするいわゆる学際的領域に位置する研究分野であり，近年の科学技術の進歩により，扱う領域はより深く広範囲に拡大しています。体育やスポーツ科学を専攻しない限り，学校で運動生理学を学ぶ機会はそれほど多くありません。しかしながら，適切な運動を安全に実践するための基礎として，運動生理学的な知識は欠かせないと考えます。

　また本書では，子どもから高齢者，病気や障害がある方など，幅広い場面について取り上げ，データを示しながら解説しました。一人一人にとっての健康の定義には多様性があり，また，それぞれが目指す「健康な状態」は，加齢とともに変化します。その時々で，自分の身体はどうなっているのか，どのような運動を行うのが自分にふさわしいのかを自ら考えることが大切です。

　本科目が，私たちの身体を支える生命活動や，健康を支える運動刺激と適応について理解する手助けとなれば幸いです。自分の身体で起きていることに思いを馳せながら運動する人が増えてくれれば嬉しく思います。

2021年10月

関根紀子

目次

1 | 生体と恒常性

関根紀子

《**目標＆ポイント**》 すべての生命は細胞でできており，ヒトの体は細胞から個体へと階層構造を持っている。細胞が生命活動を行うためには，体内を適切な環境に調節する必要があり，そのために器官などの臓器が連携して機能する。運動は体内環境を大きく撹乱するものであるが，体内環境を適切に保つ生体恒常性の機能を維持するうえで重要である。本章では，細胞の構造と機能について解説するとともに，体内環境を適切に保つ生体恒常性と，運動がもたらす生体恒常性の適応について理解することを目指す。

《**キーワード**》 細胞，酸塩基平衡，生体恒常性（ホメオスタシス），適応

1. 細胞から個体へ

（1） 細胞・組織・器官

　ヒトの身体は，一つの受精卵が分裂を繰り返すことにより様々な細胞へと分化することから始まる。同様の形態や性質を持つ細胞が集まって組織となり，組織が複数組み合わさって特徴的な機能を持つ器官となる。こうしてできた器官が寄り集まって一連の機能を担う器官系となり，それがさらに集まってヒト（個体）となるのである（図1-1）。

　ヒトの組織は，各器官の表面を覆う上皮組織，筋細胞からなる筋組織，神経細胞からなる神経組織と，その他結合組織に分けられる。器官は臓器とも呼ばれ，胃や脳，心臓などがある。また，消化器系や循環器系，呼吸器系など，同様の機能を持った器官や一連の機能を担う器官をまとめて器官系と呼ぶ。体を形づくる器官の働きは複雑であり，これらを調

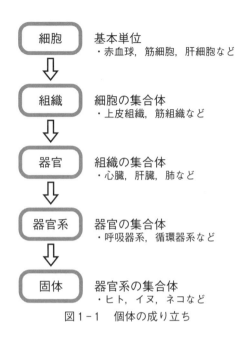

図1-1　個体の成り立ち

節する役割を果たすのが神経系や循環器系，内分泌系である。

　個体は細胞の集合体であり，細胞の基本的な働きを理解することは生命活動を理解することにつながる。細胞はその種類によって異なる特徴を持つが，基本的な構造と機能は共通している。

（2）　細胞の基本構造

　細胞は，核を持つ真核細胞と，核を持たない原核細胞とに分けられ，ヒトは真核細胞からなる真核生物である。例外的に，成熟した赤血球は核を持たないが，これは成長の過程で核を放出（脱核）するためであり，真核細胞に分類される。人体を構成する細胞はたった1つの受精卵から始まり，成長とともに増加しておよそ37兆個，270種類にもなるとされ

る。種類によって細胞の大きや形は異なるが，遺伝子を有する核，細胞質（cytoplasm），細胞膜（形質膜）からなる基本構造は同じである。

　ヒトの体を構成する真核細胞は，2重のリン脂質の層でできている細胞膜で覆われ，その内部には核と細胞質がある（図1-2）。細胞質には，リボソーム，ゴルジ複合体（ゴルジ体，ゴルジ装置），ミトコンドリア，リソソーム，小胞体などの細胞小器官（オルガネラ）があり，これらの間を細胞質基質（cytosol）が埋めている。

　細胞内に含まれる分子は，主に糖質，脂質，タンパク質，核酸の4種類と水である。糖質のうち，リボースはDNAを構成するヌクレオチドの成分として，グルコースはエネルギー源として重要である。また，リン脂質は細胞膜の主成分として，タンパク質と核酸は遺伝情報の直接的な記録媒体として主要な役割を果たす。細胞は内部に代謝など生命活動を担う仕組みを持ち，自己再生と自己複製を行うための遺伝情報と，それを発現する機能が備わっている。自己複製能のほか，他の種類の細胞に分化する多分化能を持つ細胞は幹細胞と呼ばれ，再生医療などの分野で研究が進んでいる。

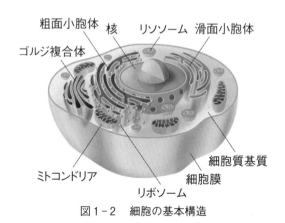

図1-2　細胞の基本構造

（3）　細胞膜と膜輸送

　細胞膜は，細胞の中と外を区切る半透性の膜（半透膜）であり，核や細胞質といった細胞の構成物を内部にとどめるとともに，様々な物質の通り道の役割を果たしている。つまり，生命活動に必要なすべての物質は細胞膜を通って細胞内部へ入り，細胞内で生じた不要な物質は細胞膜を通って細胞外へと放出される。

　細胞の内外に存在する液体を体液といい，成人ではおよそ体重の60%を占める。体液は，細胞の外にある細胞外液と，細胞の中にある細胞内液に分類され，細胞外液はさらに間質液（組織液）と血漿に分類される（図1-3）。体液には多くの電解質が存在しているが，その組成は細胞外液と細胞内液で異なっており（図1-4），この違いを利用して物質のやり取りが行われる。電解質バランスの大きな違いはナトリウムイオン（Na^+）とカリウムイオン（K^+）にあり，細胞外液には Na^+ が多く，細胞内液には K^+ が多い。この違いは物質の輸送に深く関係しているため，身体の機能を正常に保つためには電解質のバランスを保つ必要がある。

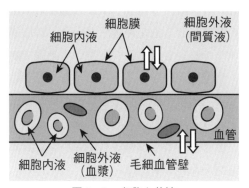

図1-3　細胞と体液

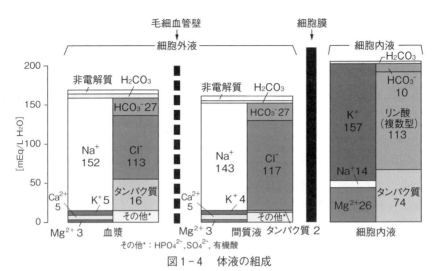

図1-4　体液の組成

（出典：片野由美，内田勝雄，2015）

　細胞内外での物質のやり取りは，受動輸送と能動輸送によって行われる。受動輸送とは，物質の濃度勾配による浸透圧を利用して行う方法であり，エネルギーを必要としない。例えば，水（溶媒）は通すが溶質を通さない半透膜を境に水とスクロース溶液を置くと，均一の濃度になろうとする力が働き，スクロース溶液へ水が移動する（図1-5）。これを浸透といい，この時に生じる力を浸透圧という。細胞膜は一定の大きさ以下の分子やイオンを透過させる性質を持つ半透膜であるため，細胞内と細胞外で物質の濃度差が生じると浸透が生じ，受動輸送が行われる。例えば毛細血管では，血管内の血漿と血管外の間質液との間で浸透が働き，水や物質のやり取りが行われる。受動輸送には，細胞膜を直接通過する単純拡散や，チャネルと呼ばれる膜タンパク質などが物質の通り道となる輸送法などがある（図1-6）。

　一方，能動輸送は，エネルギーを用い濃度勾配に逆らって物質を移動

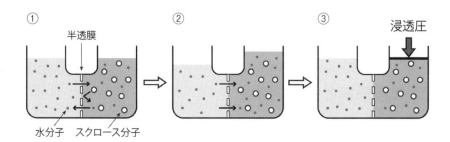

①片方に水，片方にスクロース溶液を入れる
②濃度差を小さくするため水分子が移動し体積差が生じる
③2つの液面が等しい高さになるようにかけた圧が浸透圧

図1-5　浸透圧

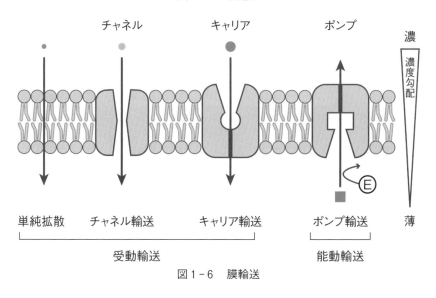

図1-6　膜輸送

させる方法である。例えば，Na^+ は細胞外液に多く細胞内液に少ないため，浸透圧の働きにより細胞内に Na^+ が流入しやすい状態にある。しかし，それでは細胞内外の電解質バランスが崩れてしまうため，ナトリ

ウム－カリウムポンプと呼ばれる膜タンパク質が Na⁺ を細胞外に汲み出している。この働きにより，細胞外と細胞内の電解質バランスを保つことができる。

2. 体内環境と生体恒常性

　細胞の働きを維持するためには，体液のほか様々な生体内の環境を一定の状態で維持しなければならない（図1-7）。そのため，我々の身体には内部環境を一定に保とうとする働きが備わっている。この働きを生体恒常性（ホメオスタシス）という。

　生体恒常性は，安静時における比較的一定で正常な生体の内部環境の維持のことを指す。そのため，運動中に高い心拍数や高体温が一定に保たれる状態を指す定常状態とは区別される。

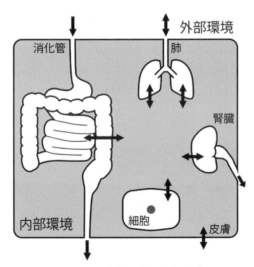

図1-7　内部環境と外部環境
（出典：Rhoades RA, Tanner GA，2003より著者一部改変）

（1）　生体の制御システム

　生体恒常性の制御には，受容器，調節中枢，効果器の3つの要素が関与している。受容器は環境の変化を検出するセンサーの役割を，調節中枢は受容器からの情報をもとに調節基準値（セットポイント）を決定する役割を，効果器は決定された基準値に従って応答する役割を担う。つまり，正常な状態からのズレを検出して修正し，一定の状態に保とうとする。内部環境が正常に近づくと効果器へ入る刺激が減り，それに従って調節中枢で基準値との差が修正され，効果器の応答も適切な量に調節される。このようなフィードバックは生体恒常性を維持するための重要な制御システムの1つである。

　生体恒常性が働く仕組みには，神経性調節と液性調節の2つがあり，互いに連携して働いている。神経性調節は神経系からの指令を通して働くものであり，素早い調節が可能である。一方，液性調節は血液を中心とした体液に含まれるホルモンなどの物質を介した調節であり，即効性はないものの持続性のある調節が可能である。これらは常に連携して働き，次々と変化する状況に適切に対応することで内部環境を一定に保つ。

　生体恒常性は，体温や体液，血圧や血糖の調節など，基本的な生体を維持する機能全般にわたる。ここでは，体液と体温の調節を例に取り上げる。

1）体液の調節

　通常，体液は pH7.4±0.05に保たれているが，筋の収縮などにより酸性とアルカリ（塩基）性のバランス（酸塩基平衡）が保てなくなることがある。pHは酸性・アルカリ性の程度を示す指標であり，pH7は中性，7よりも数値が小さければ酸性，大きければアルカリ性であることを示す。なお，酸とは水素イオン（H^+）を放出する物質，塩基とはH^+を受

け取る物質と定義できる。

　生命活動を行うために必要な体内のほとんどの酵素はpH7.4で最も活性が高いため，我々の身体には体液のpHを常に7.4付近に保とうとする仕組みが備わっている。この体液の酸塩基平衡を保つ仕組みは緩衝系と呼ばれ，重炭酸緩衝系，ヘモグロビン緩衝系，血漿タンパク緩衝系，リン酸緩衝系の4つがある。この中で，体液における酸塩基平衡の調節に最も大きく関わっているのが重炭酸緩衝系である。

　体内では常に揮発性の二酸化炭素（CO_2），不揮発性の乳酸（$C_3H_6O_3$）や硫酸（H_2SO_4）などの酸が作られており，速やかに排出しなければH^+が溜まってpHが低下する。重炭酸緩衝系における緩衝物質は重炭酸イオン（HCO_3^-）であり，その働きは以下の式で表すことができる。

$$CO_2 + H_2O \Leftrightarrow H_2CO_3 \Leftrightarrow H^+ + HCO_3^-$$

　運動時は，主に筋活動により体内のH^+産生量が増加する。運動強度が高くなると血中乳酸濃度が上昇し，それに伴ってH^+が増加して血液が酸性に傾き，pHが低下する（図1-8）。この血中のH^+の増加は，呼吸中枢が肺の換気量を増やす指令を出すための刺激となる。呼吸筋の活動が活発になり肺の換気量が増えると，体外へ排出される二酸化炭素の量が増加する。この二酸化炭素は血液中のH^+とHCO_3^-が結びついてできたものであるため，血中H^+が減少してpHが正常に近づく。このように，二酸化炭素を排出することは体液の酸塩基平衡を維持する上で重要な呼吸の働きである。

　肺のほか，腎臓も酸塩基平衡に重要な役割を果たしている。腎臓は尿からH^+を排出するほか，HCO_3^-を再吸収してHCO_3^-の数を増やし，H^+とのバランスを保つ働きも担っている。

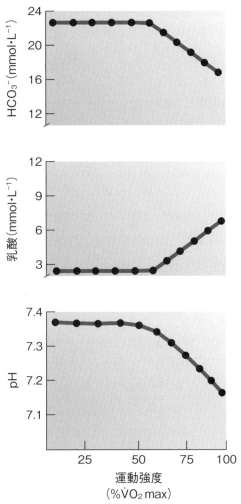

図1-8　漸増負荷運動時の血中 HCO_3^-, 乳酸, pH の変化

（出典：内藤久士ら，2020）

2）体温の調節

　細胞での化学反応がスムーズに行われ，生命活動を支えるためには，

体温を36〜37℃に保ち酵素の働きを安定させる必要がある。そのため，体内で産生する熱（熱産生）と，逃がす熱（熱放散）をコントロールし，熱の出納バランスを調節して体温を至適な範囲に保たなければならない。

　安静時に生み出される熱は，内臓で55％，骨格筋で20％，脳で15％程度とされるが，熱産生は運動や食事によって増加する。なかでも身体活動による骨格筋の熱産生の増加は大きく，日常の生活活動中では一日の熱産生量の約60％が骨格筋によって生み出されている。

　熱放散には，大気や物質の温度が皮膚温よりも低いときに起こる対流・伝導や，皮膚表面からの熱の放射（輻射），汗や呼吸に伴う水分蒸発（蒸散性熱放散）がある。環境に応じて調節される発汗は生体固有の機能であり，それによる蒸散性熱放散は，外気温が体温よりも高い場合に積極的な熱放散を行う唯一の方法である。

　皮膚をはじめとする温度受容器で検出された温度情報は，脳の視床下部にある体温調節中枢に送られる（図1-9）。体温上昇時は，四肢の皮

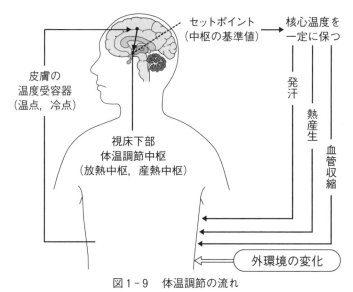

図1-9　体温調節の流れ

（出典：増田敦子，2016）

膚毛細血管が拡張して皮膚血流量を増やすとともに，汗腺を刺激して発汗による熱放散を増加させる。一方，体温低下時は，皮膚の毛細血管を収縮させて血流を低下させ，熱放散を最小限に抑えるとともに，骨格筋の震えによって熱産生を増加させる。

　高強度の運動を行うと，安静時の20〜25倍程度の熱が産生されるため，熱放散を高めて熱の出納バランスをコントロールするよう注意する必要がある。夏季や室内で運動を実施する際には，熱の出納バランスを頭に置き，熱中症や脱水を防ぐことが重要である。

3. 運動と生体恒常性

（1）　運動と適応

　運動は生体の内部環境を大きく変化させるため，生体恒常性の維持に対する大きな試練となる。運動を継続するためには，H^+の増加や体温上昇に対してすばやく反応し，内部環境の激しい変化を防がなくてはならない。運動時に生体恒常性の乱れに対応できるかどうかが，運動を継続して実施するための鍵となる。

　運動のようなストレスに曝されると，我々の身体は生体恒常性を維持する能力を向上させたり，身体の形態と機能を変化させたりして適応する。なかでも，定期的な運動は細胞が内部環境の変化を検出して適切に応答する能力を「鍛える」ため，生体恒常性を維持する能力を向上させることが知られている。例えば，持久的なトレーニングを行うことにより，運動開始時の生体恒常性の変化にすばやく対応できるようになる。また，運動に必要な限られたエネルギー源を節約できるようになったり，すばやく体温調節ができるようになったりする。

　アスリートが行う高地トレーニングや低酸素環境下での運動トレーニングは，生体恒常性の維持に対するトレーニング法のひとつであると言

える。酸素を利用しにくい低酸素環境に適応することは，体内で酸素を効率よく利用する能力を鍛えることにもなる。また，暑熱環境での運動は，冷涼な環境に比べ，体温上昇に対して生体恒常性を維持する能力が一層求められることになる。これらの環境を利用した運動トレーニングについては，第7章で詳しく述べる。

　私たちが運動トレーニングを行うとき，多くの場合，筋力・筋量や持久力の増加，あるいは生活習慣病の予防など，身体の形態や機能の変化，そしてパフォーマンスの向上を目的とするだろう。このようなトレーニング効果は，生体恒常性を維持する能力を含め，生体の様々な適応がもたらす結果なのである。

（2）　運動と健康

　健康の捉え方は歴史とともに変遷してきたが，現在では，「病気でないとか，弱っていないということではなく，身体的（physical）にも，精神的（mental）にも，そして社会的（social）にも，すべてが満たされた状態にあること」とする1948年の世界保健機関（WHO）の健康の定義が広く受け入れられている。この定義にあるように，健康には様々な側面があるが，ここでは身体的な健康について注目したい。

　定期的な運動が健康に良い効果をもたらすことは広く知られている。その理由や仕組みは様々だが，余剰の脂質や糖質を消費するだけでなく，運動が生体恒常性を維持する能力を高めることも重要なポイントである。つまり，運動の実施により，生体に負荷されるストレスに余裕を持って対応できるようになることが期待できる。

　例えば，高血圧や糖尿病は，血圧や血糖を適切な範囲に維持することができない疾患であり，生体恒常性の維持が破綻した状態と言える。また，これら疾患との関連が指摘されている肥満は，肥大した脂肪細胞が

炎症性サイトカイン（生理活性物質）を分泌するようになり，2 型糖尿病や心疾患，メタボリックシンドロームを促進する要因になることが知られている。これら慢性疾患は，遺伝的要因，環境要因，行動要因が複雑に絡み合うため，運動を含めた生活習慣の改善ですべてが解決するものではない。しかしながら，変容が可能な複数のリスク要因に介入するツールとして運動は効果的であり，生体恒常性を正常に近づけることが期待できる（図 1 -10）。

　なお，運動による健康への効果には用量反応関係があり，運動量が多いほど良いとされるが，運動刺激が強すぎると生体恒常性を大きく逸脱してしまうため，必要且つ適切な量で運動を実施するよう注意する必要がある。どのような運動をどのように実施するべきかについては，本書

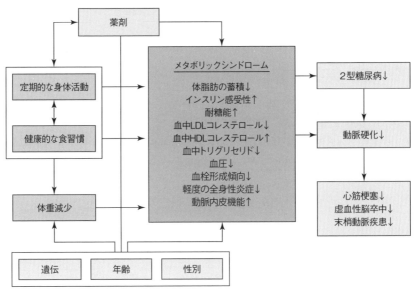

図 1 -10　メタボリックシンドローム，2 型糖尿病，心血管疾患を予防あるいは治療するための介入

（出典：内藤久士ら，2020）

の後半で触れる。

4. まとめ

　本章では，細胞の基本的な構造と機能や膜輸送の仕組み，生体恒常性の働きについて述べた。私たちが健康に過ごすためには，細胞の生命活動が速やかに行われるよう体内環境を保つ必要がある。外部環境の変化やストレスに対応するため，それぞれの器官系が連携して生体恒常性を保っており，運動には生体恒常性を維持する能力を高める効果が期待できる。

参考文献

1．片野由美，内田勝雄．新訂版 図解ワンポイント生理学―人体の構造と機能，サイオ出版，2015.
2．内藤久士，柳谷登志雄，小林裕幸，髙澤祐治．パワーズ運動生理学　体力と競技力向上のための理論と応用（原書第10版），メディカル・サイエンス・インターナショナル，2020.
3．McArdle WD, Katch FI, Katch VL. *Exercise Physiology: Nutrition, Energy, and Human Performance.* LWW, 8th ed, 2014.
4．中里浩一，岡本孝信，須永美歌子．1から学ぶスポーツ生理学，ナップ，2012.
5．Rhoades RA, Tanner GA, *Medical Physiology* 2nd Ed, Lippincott Williams & Wilkins, 2003.
6．増田敦子．解剖生理をおもしろく学ぶ（新訂版），サイオ出版，2015.

2 | 栄養とエネルギー代謝

関根紀子

《**目標＆ポイント**》 私たちは，食事によって取り込まれた栄養素からエネルギーを獲得し，生命を維持している。私たちを支えるエネルギーはどのようにして取り出され，利用されるのだろうか。本章では，糖質，脂質，タンパク質などの栄養素からエネルギーを供給する仕組みと，安静時や運動時のエネルギー代謝について理解することを目指す。

《**キーワード**》 アデノシン三リン酸（ATP），無酸素系，有酸素系，基礎代謝

1. 燃料としての栄養素

（1） 栄養素

　生命を維持し活動するためにはエネルギーが必要であり，我々は日常的に摂取した食物を体内で消化し，栄養素に分解・利用することでエネルギーを得ている。栄養素は，生物が生命を維持するために栄養として外界から取り入れる物質であり，その役割は①エネルギー源，②身体の構成，③身体や生理作用の調節の3つに分けられる（図2-1）。栄養素のうち，糖質（炭水化物），脂質，タンパク質を三大栄養素といい，身体を構成し生命を維持するために重要な役割を果たす。また，三大栄養素にビタミンとミネラル（無機質）を加え，五大栄養素とすることもある。

　エネルギー供給には，三大栄養素のうちの糖質と脂質が主に使われる。糖質と脂質は主として炭素，水素，酸素原子から構成されており，脂質

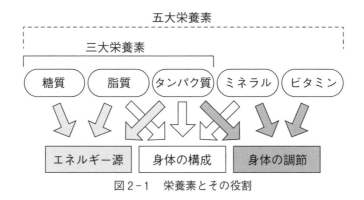

図2-1　栄養素とその役割

は糖質よりも炭素に対する酸素の比率が高い。

（2）　糖質

　糖質と食物繊維を合わせて炭水化物と呼ぶ。糖質はヒトが消化・吸収でき，エネルギーとしてすばやく利用できる形態として体内に貯蔵されている。糖質には，単糖類，二糖類，多糖類の３つの形態があり，単糖類にはグルコース（ブドウ糖），フルクトース（果糖），ガラクトースなどが，二糖類にはスクロース（ショ糖），マルトース（麦芽糖），ラクトース（乳糖）などが，多糖類にはでんぷんやグリコーゲンなどがある。

　食物から摂取された糖質は，主にグルコースとグリコーゲンとして私たちの体内に存在する。グルコースは主に血液中にあり，血糖または血中ブドウ糖とも呼ばれ，１gあたり4.1kcalの熱量を有する。細胞が最も利用しやすい糖質は単糖類のグルコースだが，体内組織での貯蔵に適しているのは多糖類のグリコーゲンである。グリコーゲンは，数百〜数千のグルコース分子を含む巨大な分子である。

　グリコーゲンは主に筋と肝臓に貯蔵されており（図2-2），肝臓に貯蔵されたグリコーゲンが主に血糖の維持に関わるのに対し，筋のグリ

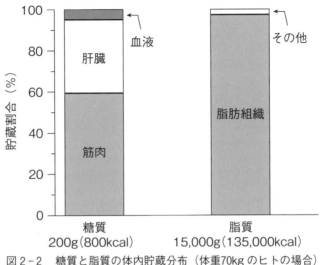

図2-2　糖質と脂質の体内貯蔵分布（体重70kgのヒトの場合）

コーゲンは主に筋収縮のエネルギー源として使用される。

（3）　脂質

　脂質とは，生体内で代謝される成分のうち，水に溶けない有機化合物の総称である。脂質は主に単純脂質，複合脂質，誘導脂質に分類され，一般的に，単純脂質に分類されるトリグリセリド（中性脂肪）が脂肪と呼ばれる。筋がエネルギーとして脂質を利用する際の主な形態は誘導脂質の脂肪酸である。

　体内の脂質のほとんどは，3つの脂肪酸分子に1つのグリセロール分子が結合したトリグリセリドとして貯蔵されている。トリグリセリドは1gあたり9.3kcalの熱量を有し，単位重量あたりに換算すると糖質やタンパク質の2倍以上のエネルギーを含んでいる。トリグリセリドは，膵臓からの消化酵素リパーゼの働きにより，脂肪酸とグリセロールに分

解される。これを脂肪分解と呼ぶ。このとき，脂肪酸は筋で利用され，グリセロールは肝臓に運ばれてグルコース合成のために利用される。

（4）　タンパク質

　タンパク質は，アミノ酸が多重結合してできたものであり，身体を形作る重要な構成成分の一つである。体内に取り込まれたタンパク質は，消化の過程でアミノ酸に分解されて利用され，再びタンパク質に再合成される。タンパク質を構成するアミノ酸は20種類あり，ヒトではそのうちの9種類（ロイシン，イソロイシン，バリン，スレオニン，トリプトファン，ヒスチジン，フェニルアラニン，メチオニン，リジン）が必須アミノ酸と呼ばれる。必須アミノ酸は生体内で十分な量を合成することができないため，食物から摂取しなければならない。このうち，バリン，ロイシン，イソロイシンは分枝鎖アミノ酸（BCAA: branched chain amino acid）と呼ばれ，筋活動のエネルギー源となるほか，筋タンパク質の合成や分解の抑制に関与している。

　タンパク質は1gあたり4.3kcalの熱量を有する。通常の状態では，エネルギー源としてのタンパク質の利用は脂質や糖質と比べそれほど多くない。しかし，長時間運動時や飢餓時など糖質が不足している場合には，エネルギー源を得るために骨格筋をはじめとする体内のタンパク質，つまり自らの身体組織を分解して利用する。

2. 生命活動の源 ATP

（1）　ATP

　私たちは，食事により体内に取り込んだ栄養素からエネルギーを取り出して生命活動を維持しているが，生命活動に用いられる直接的なエネルギー源は，高エネルギーリン酸化合物であるアデノシン三リン酸

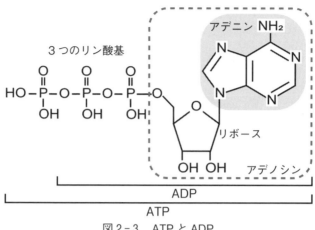

図 2-3 ATP と ADP

（ATP: adenosine triphosphate）である。ATP は最も重要なエネルギー供給を担っており、我々は ATP 無くして生命活動を維持することはできない。

　ATP は、アデノシンにリン酸が 3 つ結合してできている（図 2-3）。ATP は、アデノシン二リン酸（ADP: adenosine diphosphate）に無機リン酸（Pi）が結合する（リン酸化する）ことによって生じ、結合に必要なエネルギーは ADP とリン酸の結合部分に蓄えられている。この結合は高エネルギーリン酸結合と呼ばれ、ATP 分解酵素（ATPase）がこの結合を切断するとエネルギーが放出され、生命活動に利用される。ATP は生体内のすべての細胞で利用可能なエネルギーとして機能することから、エネルギー通貨とも呼ばれる。

（2）　ATP の産生
　細胞にとってなくてはならない ATP だが、生体内の貯蔵量は限られている。特に、活動のため常に一定量の ATP を必要とする筋細胞の場

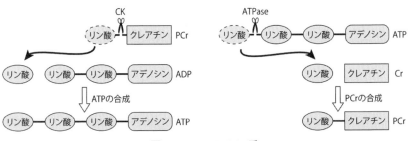

図2-4　ATP-PCr系

合，枯渇しないよう常にATPが供給されなければならない。ATPを
合成する経路にはATP-PCr系（クレアチンリン酸系，ATP-CP系），
解糖系（乳酸系），有酸素系の3つがあり，糖質や脂質といったエネル
ギー源を利用してATPを産生する。ATP-PCr系と解糖系は酸素を要
しない無酸素性エネルギー供給系，有酸素系はその名の通り酸素を要す
る有酸素性のエネルギー供給系である。

1）ATP-PCr系

　ATP-PCr系は，クレアチンキナーゼ（CK）という酵素によって，筋
内にあるクレアチンリン酸（PCr: phosphocreatine）をクレアチン
（Cr）とリン酸に分解し，得られたリン酸を利用してADPからATP
を合成する経路である（図2-4）。最も単純で素速いATP供給が可能
な反応経路で，速やかにATPが再合成されるが，筋内に貯蔵されてい
るクレアチンリン酸の量はわずかであるため，この経路によるATPの
産生量は限られている。

　ATP-PCr系は，運動開始時や短時間の高強度運動時の筋収縮のエネ
ルギーを供給する。運動後の回復期などATPが十分にある時は，

ATPase の働きにより ATP を分解し，リン酸をクレアチンに渡すことによってクレアチンリン酸を再合成し蓄える。

2）解糖系

　グルコースまたはグリコーゲンを分解し，ピルビン酸を生成する過程で無酸素的に ATP を産生する経路を解糖系という（図2-5）。ATP-PCr 系が1つの酵素反応によるものであるのに対し，解糖系は一連の酵素によって進む共役反応である。解糖系の反応は細胞質基質で行われ，最終的にグルコース1分子から得られる ATP（ATP 収支）は2分子である。

　高強度の運動を行う場合は大量の ATP が必要となるため，解糖が活発に行われて多くのピルビン酸が生成される。このとき，酸素が利用できなければ過剰に生成されたピルビン酸が乳酸へと変換される。そのため，解糖系は乳酸系とも呼ばれる。生成された乳酸は血流を介して肝臓に運ばれ，乳酸脱水素酵素の働きでピルビン酸に再変換されてグルコース合成の材料となる。生成されたグルコースは血糖として筋へ運ばれ，

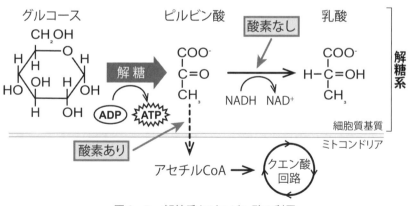

図2-5　解糖系とピルビン酸の利用

再びエネルギー源として利用される。

　解糖系は酸素を要さない無酸素性代謝経路だが，反応が緩やかで酸素が利用できる場合は，生成されたピルビン酸がミトコンドリアに運ばれ，アセチル CoA となって次に示す有酸素性の ATP 産生に利用される。そのため，解糖系は無酸素性代謝経路であると同時に，糖質を用いた有酸素性 ATP 産生の最初のステップであるとも言える。

3）有酸素系

　有酸素系はその名の通り酸素を利用した経路であり，主な舞台はミトコンドリアと呼ばれる細胞小器官である。ここで，クエン酸回路（TCA 回路，クレブス回路）と電子伝達系（呼吸鎖）の 2 つの代謝経路を介して ATP が生成される。ミトコンドリアは外膜と内膜の 2 つの膜でできており，膜と膜の間を膜間腔，内膜の内側をマトリックスという（図 2 - 6）。マトリックスはクエン酸回路や脂肪酸の β 酸化が行われる場である。また内膜にはクリステと呼ばれる内側に陥入した部分があり，ここは有酸素性エネルギー供給系の最終段階である電子伝達系の場となっている。

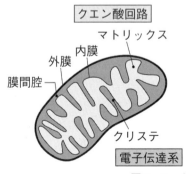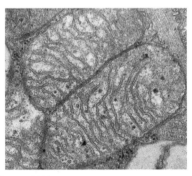

図 2 - 6　ミトコンドリア

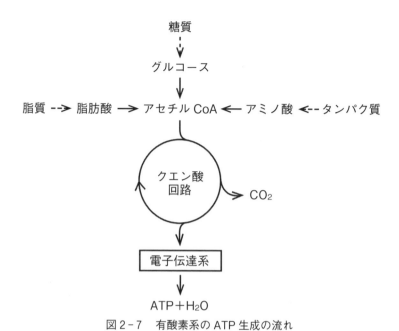

図2-7　有酸素系の ATP 生成の流れ

　クエン酸回路の始まりはアセチル CoA である（図2-7）。糖質から
は，解糖系で生成されたピルビン酸がアセチル CoA となる。また，脂
肪酸やアミノ酸からもアセチル CoA が生成される。つまり，解糖系で
は糖質が主に使用されるのに対し，有酸素系では糖質，脂質，タンパク
質の三大栄養素すべてが利用される。しかしながら，すでに述べたよう
にエネルギー供給に対するタンパク質の寄与は2％程度と少ないため，
タンパク質は主要なエネルギー源とはみなされていない。

　アセチル CoA は，クエン酸回路に取り込まれて二酸化炭素と電子を
放出する。電子は，ニコチンアミドアデニンジヌクレオチド（NADH:
nicotinamide adenine dinucleotide，還元型）などの水素運搬体によっ
て電子伝達系に運ばれ，NADH が酸化型の NAD（NAD^+）に変換され

ることで電子伝達系に引き渡される。この引き渡された電子が電子伝達系を通過する過程で ADP がリン酸化され，ATP が生成される。電子伝達系では，電子は水素イオン（H^+）として運ばれ，最終的に酸素と結びついて水を生成する。電子伝達系で ATP を産生し続ける，つまり電子を伝達し続けるためには，最終電子受容体として働く酸素が必要であり，呼吸によって取り込まれた酸素がここで利用される。この一連の有酸素性の ATP 産生過程を酸化的リン酸化という。

　有酸素系におけるグルコース 1 分子からの ATP 収支は32である。無酸素性代謝経路に比べて多くの ATP が生成される反面，反応速度は他の経路より遅く，ATP の供給速度も緩やかである。

3.　エネルギー代謝

　エネルギー代謝とは，外から取り入れた物質（栄養素）を材料として，生命維持のために生体内で行う一連の化学反応のことである。代謝には，物質を分解してエネルギーを得る過程である異化と，エネルギーを使って物質を合成する同化があり，ATP の合成などは異化に，タンパク質の合成などは同化に当たる。

（1）　安静時のエネルギー代謝
　安静時の身体では生体恒常性が維持されており，必要なエネルギー量も一定となっている。安静時に必要なエネルギー，つまり ATP のほとんどは有酸素性のエネルギー代謝によって生成され，酸素摂取量（酸素消費量）を測定することで身体が必要とするエネルギー量を推定することができる。

　生命を維持する上で必要最小限の覚醒時のエネルギー代謝量を基礎代謝量といい，12時間以上の絶食と 8 時間以上の睡眠後目覚めてすぐの仰

表 2-1　基礎代謝基準値と基礎代謝量

性別	男性			女性		
年齢 （歳）	基礎代謝基準値 （kcal/kg 体重/日）	参照体重 （kg）	基礎代謝量 （kcal/日）	基礎代謝基準値 （kcal/kg 体重/日）	参照体重 （kg）	基礎代謝量 （kcal/日）
1〜2	61.0	11.5	700	59.7	11.0	660
3〜5	54.8	16.5	900	52.2	16.1	840
6〜7	44.3	22.2	980	41.9	21.9	920
8〜9	40.8	28.0	1,140	38.3	27.4	1,050
10〜11	37.4	35.6	1,330	34.8	36.3	1,260
12〜14	31.0	49.0	1,520	29.6	47.5	1,410
15〜17	27.0	59.7	1,610	25.3	51.9	1,310
18〜29	23.7	64.5	1,530	22.1	50.3	1,110
30〜49	22.5	68.1	1,530	21.9	53.0	1,160
50〜64	21.8	68.0	1,480	20.7	53.8	1,110
65〜74	21.6	65.0	1,400	20.7	52.1	1,080
75以上	21.5	59.6	1,280	20.7	48.8	1,010

（出典：「日本人の食事摂取基準（2020年版）」策定検討会報告書，2020）

臥位の姿勢で酸素摂取量を測定することで求められる。このような方法による基礎代謝量の正確な推定は容易ではないが，年齢・性別ごとの標準的な 1 日当たりの基礎代謝量は，基礎代謝基準値に体重を掛けることで簡易的に求めることができる（表 2-1）ほか，以下の推定式[1]を用いて算出することができる。

$$基礎代謝量（kcal/日）= [0.0481 \times 体重（kg）+ 0.0234 \times 身長（cm）$$
$$- 0.0138 \times 年齢（歳）- 定数（男性：0.4235, 女性：0.9708）] \times 1000/4.186$$

基礎代謝量は，主に心臓や呼吸筋，神経系や内分泌系の活動といった生命維持のために消費されるエネルギー量であり，一日の総エネルギー

---

[1]　18〜79歳の集団で妥当性が確認されている。

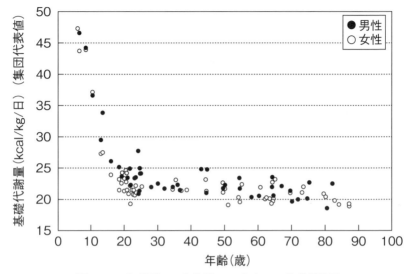

図2-8　年齢別にみた体重1kgあたりの基礎代謝量
（出典：「日本人の食事摂取基準（2020年版）」策定検討会報告書，2020）

消費量の60～70％を占めている。基礎代謝量は年齢，性別，体格によっ
て変化し，加齢に伴い低下する（図2-8）が，これは主に除脂肪量
（LBM: lean body mass）の低下が影響しているものと考えられている。
除脂肪量とは体重から脂肪量を除いた重さであり，一般的に除脂肪量の
変化は骨格筋量の変化を表すとされる。つまり，基礎代謝量の変化は骨
格筋量の変化によって引き起こされるということができる。
　基礎代謝量に近いものとして，安静時代謝量が用いられることがある。
安静時代謝量は，基礎代謝量に比べ測定条件が緩やかで，食後3時間以
上経過し安静にした座位状態で測定される。基礎代謝量よりも10～20％
多いとされるが，これは測定肢位の違いにより骨格筋の活動量が異なる
ためである。

（2） 運動時のエネルギー代謝

　運動開始時には急激にATP必要量が増大するため，ATPの生成量を速やかに増加させなければならない。そのため，ATP産生速度が緩やかな有酸素系ではなく，無酸素性エネルギー供給系が運動開始時の主要なATP供給を担うこととなる。

　初めに活性化されるのは，最もATPの産生速度が速いATP-PCr系である。しかしながら，骨格筋のクレアチンリン酸の濃度は運動中に劇的に低下していくため，ATP-PCr系が主に活躍できるのは運動開始後数十秒程度とされる。次に活性化されるのは解糖系である。解糖系は運動開始後1分にはATPの産生に寄与しており，2分目で増大するが3分目には低下しはじめる。呼吸によって身体に取り込まれる酸素の量が増加してくると，有酸素性エネルギー供給系によりATPが産生される。このように，運動開始時，つまり安静状態から運動への移行過程では，複数のエネルギー供給系が貢献度を変えながら連携して働いている。

　運動中の酸素摂取量が定常状態になると，有酸素系が主なATP供給を担うようになる。酸素摂取量が定常状態になるということは，十分に酸素が行き渡った状態での運動，つまり有酸素運動を行っていることを意味する。このような運動は低強度であり，主要なエネルギー源は脂質である。運動強度が増加すると，徐々に脂質から糖質へと主要なエネルギー源が移行する。このように，運動時の利用エネルギー源の選択は，運動持続時間や運動強度に左右される。なお，持久性のトレーニングを積んだ人は，トレーニングをしていない人に比べ，脂質を多く，糖質を少なく使うことがわかっている。

　多くのスポーツにおいて，運動強度や運動持続時間は目まぐるしく変化することが多い。10分以上の長時間運動におけるATP供給は，主に有酸素性のエネルギー供給系によってなされるが，マラソンなど長時間

走り続けるような種目であっても，実際はレース中の駆け引きなどにより運動強度が変化するため，常に有酸素系からのみエネルギーが供給されるとは限らない。また，球技のような素早く力強い運動が間欠的に行われる場合のエネルギー供給系の利用は複雑であり，無酸素系と有酸素系の両方のエネルギー供給系が必要な ATP を供給する。このように，多くの種目や競技性の高いスポーツでは，無酸素系と有酸素系のエネルギー供給系の両方が利用され，その割合は常に変化していると考えるべきである。

4. まとめ

本章では，栄養素から ATP を合成し生命活動のエネルギーとする過程と，安静時と運動時のエネルギー供給系について述べた。糖質，脂質，タンパク質など，摂取する栄養素に違いはあれど，生体内では最終的に ATP となって利用される。我々が生きていくためには ATP が不可欠であり，需要の増加に対する速やかな ATP 供給がなければ運動を遂行することはできない。安静時と運動時の代謝の働きについて理解を深めることは，健康の維持・増進や競技力向上に貢献できるだろう。

参考文献

1．内藤久士，柳谷登志雄，小林裕幸，髙澤祐治. パワーズ運動生理学 体力と競技力向上のための理論と応用（原書第10版），メディカル・サイエンス・インターナショナル，2020.
2．McArdle WD, Katch FI, Katch VL. *Exercise Physiology: Nutrition, Energy, and Human Performance.* LWW, 8th ed, 2014.
3．厚生労働省.「日本人の食事摂取基準（2020年版）」策定検討会報告書，2020. https://www.mhlw.go.jp/content/10904750/000586553.pdf（参照日2021年 2 月26日）

3 | 骨格筋の構造と働き

関根紀子

《**目標＆ポイント**》 歩く，走るなどの多くの身体活動は，骨格筋が収縮・弛緩し，関節を介して骨を動かすことによって行われる。骨格筋は可塑性に富み，運動刺激に適応して肥大し，不活動によって萎縮する。本章では，身体の動きを生み出す骨格筋の基本的な構造とその働き，および筋肥大と筋萎縮について理解することを目指す。

《**キーワード**》 筋線維，サルコメア，筋力，筋肥大，筋萎縮

1. 骨格筋の構造と分類

（1） 筋の種類と分類

　筋は，部位や役割，組織学的構造や制御方法などにより，骨格筋，心筋，平滑筋の3つに分類することができる（図3-1）。骨格筋は，姿勢を保ち身体を動かす役割を持ち，一般的に私たちが筋肉と言う場合は骨格筋を指すことが多い。心筋は，心臓を形作り血液循環の役割を担う筋で，心臓以外には存在しない。平滑筋は内臓筋とも呼ばれ，消化管や血管など主に内臓を形作っている筋である。これらの筋は，収縮して働くという点で共通しているが，その特徴はそれぞれ異なっている。

　骨格筋と心筋は，顕微鏡下で縞模様が観察されるため，横紋筋と呼ばれる。一方，平滑筋にはこの縞模様は見られない。横紋筋の縞模様は，サルコメア（後述）という構造が周期的に並んで配置されていることによるものだが，平滑筋にはこの構造がないためである。

　制御方法に着目すると，筋は自らの意志で動かすことができる随意筋

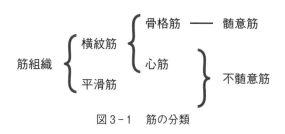

図 3-1　筋の分類

と，それができない不随意筋に分類することができる。骨格筋は随意筋であるため，自分の意思で身体を動かすことができるが，不随意筋である心筋および平滑筋は思い通りに動かすことができない。骨格筋が体性神経系の支配を受けているのに対し，心筋と平滑筋は自律神経系の支配を受けており，心臓や消化管，血管などは無意識下でその働きが調節されている。

　ヒトにはおよそ600個以上の骨格筋があり，これは体重の40〜50％を占めている。骨格筋は，運動や呼吸を行うための力発揮，姿勢を維持するための力発揮，寒冷ストレスに対する熱産生の3つの重要な役割を持つ。このほか，筋はマイオカインと呼ばれるサイトカイン（生理活性物質）を産生する内分泌器官としての側面も持っている。これらのなかで最も重要な機能は，運動と呼吸のための力発揮である。

（2）　骨格筋の構造

　骨格筋は，筋細胞（筋線維），神経組織，結合組織などの様々な組織で構成されている（図3-2）。筋は筋外膜に包まれており，その中に筋束と呼ばれる筋線維の束が位置している。筋線維は円筒状の形をしており，一般的に骨格筋の端から端まで繋がっている。ヒトでは直径〜100μm，長いものでは30cmほどになるとされる。

　筋線維の細胞膜は筋鞘（筋線維鞘）と呼ばれ，その内側には細胞質に

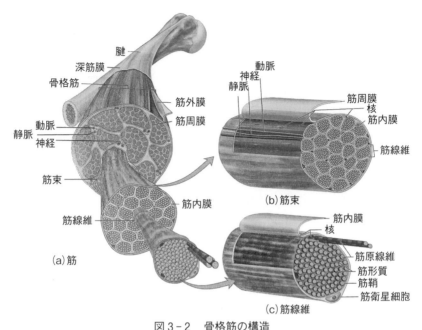

腱
深筋膜
骨格筋
筋外膜
筋周膜
動脈
静脈
神経
筋束
筋内膜
筋線維
（a）筋

動脈
神経
静脈
筋周膜
核
筋内膜
筋線維
（b）筋束

筋内膜
核
筋原線維
筋形質
筋鞘
筋衛星細胞
（c）筋線維

図 3 - 2　骨格筋の構造

（出典：内藤久士ら，2020）

あたる筋形質と，収縮タンパク質である筋原線維がある。筋形質には，ミトコンドリアなどの他の細胞にも含まれる細胞小器官のほか，筋小胞体や横行小管（T 管）などといった，活動に関わる微小器官が存在する。筋鞘の外側には筋内膜（基底膜）と呼ばれる膜があり，この 2 つの膜の間には筋線維の核（筋核）とその前駆細胞である筋サテライト細胞（筋衛星細胞，satellite cell）がある。通常，筋サテライト細胞は休眠状態にあるが，筋が成長したり肥大したりする際に活性化して筋核の増加に貢献する。なお，他の多くの細胞とは異なり，筋線維は複数の核を持つ多核細胞である。

　筋原線維は，サルコメア（筋節）と呼ばれるセグメントが竹の節のよ

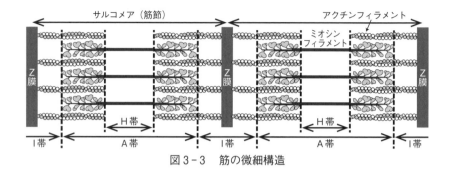

図3-3　筋の微細構造

うに直列に連なった糸状構造をしている（図3-3）。サルコメアはZ膜により隔てられており，主にZ膜に繋がる細いアクチンフィラメントと，それを挟むように並ぶ太いミオシンフィラメントで構成されている。ミオシンフィラメントを含む部分はA帯と呼ばれ，顕微鏡下では暗く見える。一方，アクチンフィラメントの部分はI帯と呼ばれ，明るく見える。横紋筋という名の由来である縞模様は，この繰り返し構造によるものである。

（3）　筋線維組成

　骨格筋の筋線維は，収縮速度が遅く疲労耐性が高い遅筋線維（I型線維，ST線維）と，収縮速度が速く疲労耐性が低い速筋線維（II型線維，FT線維）の2つに大別され，特徴が様々に異なることが知られている（表3-1）。遅筋線維は，酸素を貯蔵するミオグロビンや，有酸素的にATPを合成するミトコンドリアを豊富に含んでいる。酸化系酵素活性が高く，酸素を供給する毛細血管が多いため，有酸素能力が高く疲れにくい。一方，速筋線維では解糖系酵素活性が高く，遅筋線維に比べミオグロビンやミトコンドリア，毛細血管の量はそれほど多くない。そのため，有酸素能力が限られており，疲労しやすい。なお，ミオグロビンは

表3-1　筋線維の特徴

特徴 \ 筋線維タイプ	遅筋線維	速筋線維		
	I型線維	IIa型線維	IIx型線維	IIb型線維
収縮速度	遅い	速い	速い	速い
疲労耐性	高い	中程度	中〜低	低い
酸化能力	高い	中程度	中〜低	低い
解糖能力	低い	高い	高い	極めて高い
毛細血管	多い	多い	中〜少	少ない
ミトコンドリア	多い	中程度	中〜少	少ない
色	赤	中間	白	白

赤色の色素タンパク質であり，含有量が多い遅筋線維は赤く，少ない速筋線維は白く見える。そのため，それぞれ赤筋，白筋とも呼ばれる。

　どの筋線維タイプを持つかは生物種によって異なり，ヒトではI型線維，IIa型線維，IIx型線維が発現している。遅筋線維もしくは速筋線維のどちらかで主に構成されている筋もあるが，ほとんどは両者が混在しており，その割合（筋線維組成）は遺伝や運動習慣の影響を受けると考えられている。ヒトの筋線維組成は，筋生検（筋バイオプシー）と呼ばれる手法を用いて筋サンプルを採取し，組織化学的な手法を用いて推定することができる。しかし，採取するサンプルがごく少量（数十mg）であることや，筋により筋線維組成が異なること，さらには同じ筋の中でも筋線維の分布が均一ではない筋もあることから，単回の筋生検から全身の筋線維組成を正確に割り出すのは困難である。

（4）　骨格筋の分類
　ほとんどの骨格筋は関節をまたいで両端が骨に付着しており，この関

節の数によって骨格筋を分類することができる。例えば下腿の筋では，ヒラメ筋は足関節をまたぐ単関節筋，腓腹筋は足関節と膝関節をまたぐ二関節筋である。なお，骨格筋は関節を動かすことで運動を可能にするが，すべての骨格筋が関節を動かすわけではない。例えば，舌は骨格筋でできているが，舌根と呼ばれる部分のみが骨に付着しており，関節を動かすことはない。

　骨格筋は，形状によりいくつかの種類に分類することができる（図3－4）。代表的な形状には，紡錘状筋や羽状筋がある。紡錘状筋は筋の長軸方向に対して筋線維がほぼ平行に走行しており，素早い筋収縮に適しているとされる。一方羽状筋では，筋の長軸方向に対して筋線維が一定の角度を持って走行しているため，紡錘状筋に比べ生理的横断面積が大きくなることから，大きな筋力発揮に適しているとされる。また，筋が骨に付着する部分（起始と停止）が複数に分かれている筋（多頭筋や多尾筋）や，口や目をリング状に取り囲む輪筋などもある。

　運動作用によっても筋は分類することができる。例えば，関節角度を減少させるように働く筋は屈筋，反対に関節角度を増加させるように働

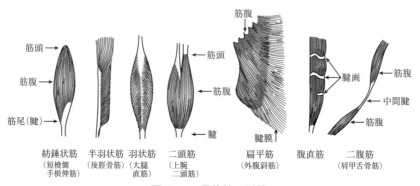

図3-4　骨格筋の形状

（出典：http://www.anatomy.med.keio.ac.jp/funatoka/anatomy/spalteholz/J400.html）

く筋は伸筋と呼ばれる。

2. 筋活動と筋力発揮

（1） 筋収縮のメカニズム

　骨格筋は，引き伸ばされた状態から収縮力を発揮するゴムとは異なり，リラックスした状態から収縮して力を発揮することができる。これには，サルコメアの構造が大きく関与している。サルコメアには，太いミオシンフィラメントと細いアクチンフィラメントが交互に並んでおり，この2つのフィラメントが互いにスライドしてサルコメアが短くなる。つまり，Z膜同士の距離が短くなることで，筋原線維が短縮し筋線維が収縮する。これをフィラメント滑走説という。

　アクチンフィラメントは球状のタンパク質が連なってできており，ミオシンフィラメントは頭状の頭部と棒状の尾部を持ったような構造のタンパク質が集まってできている。ミオシン頭部はアデノシン三リン酸（ATP：adenosine triphosphate）をアデノシン二リン酸（ADP：adenosine diphosphate）と無機リン酸（Pi）に分解する酵素活性（ATPase）を持っており，骨格筋が収縮するとき，ミオシンはATPを分解して得られるエネルギーを用いてアクチンフィラメントをたぐり寄せ，これにより力が発揮される。

　筋が収縮するためには神経系からの収縮指令が必要である。随意的な運動を行う際は，脳からの指令が運動神経（運動ニューロン）を介して筋に伝達される。運動ニューロンから筋へ到達した信号は，筋線維のT管を通って筋小胞体へと伝達される。信号が伝わると筋小胞体からカルシウムイオン（Ca^{2+}）が放出され，アクチンフィラメントのトロポニンと結合する。トロポニンは，筋の収縮を調節するタンパク質である。トロポニンはミオシンとアクチンの相互作用を阻害するが，トロポニンに

Ca^{2+} が結合することにより，この阻害が解除されて筋収縮が起こる。運動ニューロンからの収縮指令が止まるとトロポニンと Ca^{2+} の結合が外れ，筋は弛緩状態に戻る。

（2）　骨格筋の活動様式

　骨格筋が力を発揮する過程は筋収縮と呼ばれてきたが，これには筋の伸張と短縮の両方が含まれており，混乱を招く恐れがあった。そのため，筋の力発揮の過程を表す用語として筋活動が提案されている。

　筋の運動様式は，筋の長さが変化しない静的運動と，筋の長さが変化する動的運動とに大別される（図3-5）。静的運動での筋活動は等尺性活動（isometric action）と呼ばれ，姿勢を保持する際などに見られる筋活動である。身体の動きを伴う動的運動では，筋活動は等張性活動（isotonic action）と等速性活動（isokinetic action）に分けられ，等張性活動はさらに短縮性活動（concentric action）と伸張性活動（eccentric action）に分けられる。短縮性活動は筋が縮みながら，伸張性活動は筋が引き伸ばされながら力を発揮する活動様式である。伸張性活動は筋に大きなストレスが加わる活動様式とされ，筋線維の損傷をもたらす場合が多い。等速性活動は，関節が動く速度が一定である運動（等速度運動）を行う際の筋活動であり，通常は速度設定が可能なトレーニング機器を用いた際などに引き起こされる。

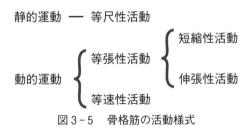

図3-5　骨格筋の活動様式

（3）　筋力発揮とその制御

　筋の長さ（筋長）には最大張力を発揮できる至適な長さがあり，筋長により骨格筋が発揮する力に差が生じる（図3-6）。力を発揮する際の筋長が至適長よりも長いと，ミオシンフィラメントとアクチンフィラメントの重なりが限られ，フィラメントをしっかりとスライドさせることができない。反対に，筋長が至適長よりも短い場合は，やはりフィラメント同士の重なりが限られるほか，Z膜とミオシンフィラメントの距離が近くなるとそれ以上スライドすることができなくなり，筋の短縮が制限されることとなる。つまり筋の至適長とは，ミオシンフィラメントとアクチンフィラメントが十分に重なってしっかりと結合できる長さを意味している。

　肘関節の屈曲運動を行う際に力を発揮する上腕二頭筋を例に考えてみよう。この場合，肘が曲がるほど筋の長さは短くなり，肘を伸ばすと長くなる。肘を曲げきった状態または伸ばしきった状態では大きな力を発揮することが難しいが，中間位では大きな力を発揮することができる。このような筋の長さと発揮される力との関係を長さ―張力関係という。

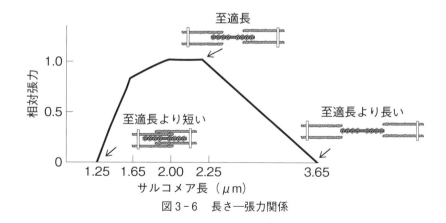

図3-6　長さ―張力関係

　筋活動の速度も，筋が発揮する力に影響を及ぼす。最大努力でボールを投げる場合，砲丸のような重いものと野球ボールのような軽いものとでは投げる腕の速さや投げたものの速さが異なる。つまり，重いものはそれほど速く投げることができないが，軽いものは速く投げることができる。このような骨格筋の活動速度と発揮される力の関係を速度―力関係という。これは，筋活動の速度が速すぎるとミオシンフィラメントとアクチンフィラメントがしっかりと結合できないが，速度が低下するにつれて結合する時間ができ，大きな力を発揮できるようになるためと考えられている。なお，速筋線維は遅筋線維よりも速い速度で大きな力を発揮できることがわかっており，速筋線維が含まれる割合が高い筋のほうが遅筋線維の割合が高い筋よりも大きな力を発揮する。

3. 骨格筋の肥大と萎縮

（1）　筋肥大

　骨格筋は損傷しても再生する能力を有し，運動刺激に適応して肥大，つまり筋線維横断面積が増加する可塑性の高い器官である。骨格筋量は，既存の筋線維を太くすることと，筋線維数を増加させることによりもたらされるが，これまでの研究により，骨格筋量の増加は主に筋線維の肥大によるものであり，筋線維数の増加の寄与は少ないと考えられている。

　最大筋力は筋の横断面積に比例するため，筋が肥大すると最大筋力も増加する。筋力トレーニングはⅠ型線維とⅡ型線維の両方を肥大させるが，Ⅱ型線維のほうがより肥大しやすいことがわかっている。また，トレーニングの運動負荷が高い場合は主にⅡ型線維が動員されることから，筋肥大を目的とするトレーニングは，最大挙上重量（1RM：1 repetition maximum）の70～90％または4～12RMといった高い運動負荷で行うことが広く推奨されている。1RMとは，例えばバーベルを

持ち上げる際に，1回のみ挙上できる最大の重量のことである。4RM
であれば4回挙上できる最大重量を指す。なお，伸張性活動でも優先的
にII型線維が動員されるため，短縮性活動に比べ伸張性活動を取り入
れたトレーニングのほうが速筋線維の肥大が大きいとされる。

　細胞は常に作り替えられており，筋タンパク質の合成速度が分解速度
を上回ったとき，筋線維が肥大する。運動は筋タンパク質の合成と分解
の両方に働きかけ，運動後に利用可能な栄養がなければ合成と分解のバ
ランスが分解側に傾くが，栄養を摂取することにより合成が加速する。
筋タンパク質合成の主要な経路はラパマイシン標的タンパク質である
mTOR経路である。運動による筋タンパク質合成の亢進は運動後48時
間程度継続するとされ，その間に栄養を摂取するたびに筋タンパク質合
成が増強されると考えられている。

　継続的な筋力トレーニングにより骨格筋量を増加させるためには，筋
サテライト細胞の働きにより新たな筋核が追加されることが必要とされ
る。1つの筋核が影響を及ぼす範囲は限られているため，増加した筋線
維の領域をカバーするための筋核を増やさなければならないからである。
そこで，トレーニングによって活性化された筋サテライト細胞が，分裂
と融合を行って筋核の数を増加させ，さらなる筋量の増加に寄与する。
なお，筋サテライト細胞の数と機能は加齢の影響を受けることが知られ
ており，若年者と高齢者の筋力トレーニングに対する応答の違いに筋サ
テライト細胞が関与していると考えられている。

　筋サテライト細胞は，筋損傷からの回復過程にも重要な役割を担って
いる。運動などにより筋が損傷すると，炎症反応ののち筋サテライト細
胞が活性化する（図3-7）。活性化した筋サテライト細胞は筋芽細胞
（myoblast）となり，互いに融合して筋管細胞（myotube）となって
損傷部分を修復する。筋サテライト細胞は，自己自身を生み出す機構

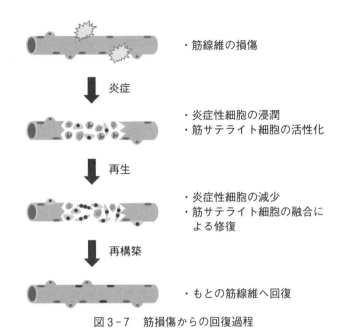

・筋線維の損傷

炎症

・炎症性細胞の浸潤
・筋サテライト細胞の活性化

再生

・炎症性細胞の減少
・筋サテライト細胞の融合に
　よる修復

再構築

・もとの筋線維へ回復

図3-7　筋損傷からの回復過程

（自己複製機構）を有し，筋の再生過程において一部の筋芽細胞は細胞周期を停止し，再び休止期の筋サテライト細胞になると考えられている。通常，細胞の分裂可能回数には上限があるが，筋サテライト細胞の自己複製機構により繰り返し筋を再生することが可能となる。

（2）　筋萎縮

　骨格筋は運動刺激に対して適応し肥大するが，不活動（廃用）に対しては負の適応とも言うべき筋萎縮を引き起こす。また，加齢に伴って筋萎縮が生じることも知られている。筋萎縮は，筋タンパク質の分解が合成を上回ることによって起こる。筋タンパク質の分解には，ユビキチン－プロテアソーム（ubiquitin-proteasome）系，オートファジー－リソ

ソーム（autophagy-lysosome）系，カルパイン（calpain）系などの分解系シグナル伝達経路のほか，細胞死の1つであるアポトーシス（apoptosis）が関与しているとされるが，廃用性と加齢性の2つの筋萎縮の発生メカニズムは完全に一致するわけではない。

　不活動が長期にわたって続くことにより引き起こされる骨格筋の萎縮を廃用性筋萎縮（disuse muscle atrophy）という。筋萎縮は，単に筋が細くなるという形態的変化だけでなく，質的変化も伴う。一般的に，廃用性筋萎縮では遅筋線維から速筋線維へのタイプシフトが起こると考えられている。また，単位横断面積当たりの発揮筋力の低下や，収縮速度や疲労耐性の低下による筋持久力の低下もみられる。

　加齢に伴う筋萎縮は，サルコペニア（加齢性筋肉減弱症，sarcopenia）と呼ばれる。日本人高齢者における有病率は7.5〜8.2%と推計されているが，サルコペニアの有病率は対象者の属性により大きく異なる。例えば，施設入所高齢者では14〜22%，リハビリテーション病棟などでは78%がサルコペニアに該当すると報告されている。

　サルコペニアの特徴は，加齢に伴い長い時間をかけて緩やかに筋量や筋力が低下していくことである。また，廃用性筋萎縮とは異なり，サルコペニアでは遅筋線維よりも速筋線維で萎縮の程度が大きいことが知られている。サルコペニアにおける最大の危険因子は加齢であるが，加齢に伴って炎症反応の増大やホルモン分泌量の低下が起こるほか，骨格筋に繋がる運動ニューロンや筋サテライト細胞数の減少などの因子が増加する（図3-8）。また，加齢に伴う身体活動量やタンパク質摂取量の低下もサルコペニアに関与するとされる。このように，サルコペニアの危険因子は様々であり，これらの因子が重複して存在する場合が多いと考えられている。

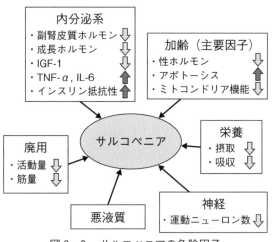

図3-8　サルコペニアの危険因子

4. まとめ

　本章では，基本的な骨格筋の構造とその働き，および筋肥大と筋萎縮について述べた。骨格筋は体を動かすための力を発揮する役割を持つが，十分な筋力を発揮するには至適な条件が存在する。また骨格筋は，運動や不活動などの刺激に対して筋肥大や筋萎縮といった適応を示す可塑性に富んだ器官である。骨格筋量の維持は健康の維持・増進のために重要であるとされており，身体活動量が低下した現代社会において，積極的な筋量や筋機能の維持が強く望まれる。

参考文献

1．内藤久士，柳谷登志雄，小林裕幸，高澤祐治．パワーズ運動生理学 体力と競技力向上のための理論と応用（原書第10版），メディカル・サイエンス・インターナショナル，2020.
2．中里浩一，岡本孝信，須永美歌子．1 から学ぶスポーツ生理学，ナップ，2012.
3．荒井秀典編．サルコペニアとフレイル，医薬ジャーナル社，2015.
4．http://www.anatomy.med.keio.ac.jp/funatoka/anatomy/spalteholz/J400.html（参照日2021年 9 月 1 日）

4 | 神経系の構造と働き

関根紀子

《**目標＆ポイント**》 運動・スポーツを含めた身体活動は骨格筋を用いて関節を動かすことによってなされるが，巧みな動きを生み出すためには，脳，脊髄などからの命令を神経系を通して骨格筋に伝え，力やスピードを調節する必要がある。本章では，運動や動作をコントロールする神経系の構造とその働きについて理解することを目指す。

《**キーワード**》 ニューロン，中枢神経，末梢神経，活動電位，運動単位，反射

1. 神経系の構造

　神経系は生体内の情報伝達網であり，生体の内部環境や外部環境の変化を検知して応答することを可能にする。神経系は，解剖学的に中枢神経と末梢神経に大別される。触覚や温度など，末梢にある刺激を受容する器官（受容器）が検知した刺激が末梢神経を通して中枢神経に送られ，中枢神経はそれらの刺激に対応する指令を反応が現れる器官（効果器）に伝え，身体を制御している。

　神経組織は，主に神経細胞（ニューロン）と支持細胞の2つの細胞で構成される。ニューロンは命令や情報を伝える役割を果たし，支持細胞はニューロンを様々に支持する働きを持つ。支持細胞とは特定の細胞の名前ではなく，何らかの細胞をサポートする細胞全般のことを指す。

（1）　ニューロン

　神経系の機能的単位であるニューロンは，細胞体，樹状突起，軸索の 3 つの部分から構成されている（図 4 - 1）。細胞体には核が存在し，神経活動に必要なタンパク質を合成する。樹状突起は他のニューロンと結合し，神経信号（神経インパルス）を細胞体へ伝える受容領域として働く。軸索は，細胞体からの信号を他のニューロンや細胞へ伝える長い突起であり，その長さは数 mm から 1 m と様々である。1 つのニューロンは 1 本の軸索しか持たないが，その末端は分岐して複数の細胞につながり，膨大なネットワークを形成している。

　ニューロンは細胞体で電気信号（活動電位）を発生させ，軸索を通じて他のニューロンや細胞に情報を伝える。活動電位が伝わる速度（神経伝導速度）は太い軸索で速いとされる。軸索と，他のニューロンの樹状突起や筋線維などの他種細胞との接合部はシナプスと呼ばれる。軸索の末端に活動電位が到達すると，シナプスの隙間であるシナプス間隙に向けて神経伝達物質が放出され，それが受け手側の受容体と結びつくことで情報が伝えられる。

　軸索には，ミエリン鞘（髄鞘）によって取り囲まれている有髄神経線維と，そうでない無髄神経線維とがある。ミエリン鞘の隙間はランビエ

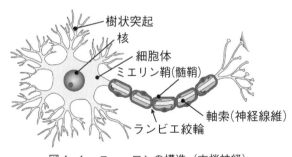

図 4 - 1　ニューロンの構造（末梢神経）

絞輪と呼ばれ，神経の情報伝達において重要な役割を担う。有髄神経線維は無髄神経線維よりも神経伝導速度が速く，後述する運動神経は有髄神経，自律神経は無髄神経である。

（2）　中枢神経系と末梢神経系

　神経は身体のほぼすべての組織と繋がっており，全身に張り巡らされている（図4-2）。神経系は，解剖学的に中枢神経系と末梢神経系に大別される。中枢神経系は脳と脊髄からなり，情報を統合・処理している。この中枢神経系と末梢組織をつなぐ神経組織が末梢神経系である。

1）中枢神経系

　中枢神経系である脳と脊髄は，その色合いから白質と灰白質に分けら

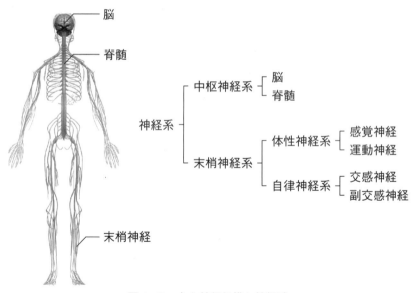

図4-2　主な神経組織と神経系

れる。白質には軸索が，灰白質には細胞体が多く存在している。脳では表面を薄く覆うように灰白質が存在しているのに対し，脊髄では内部に灰白質が存在している。

　脳は，その構造と機能から大脳，小脳，脳幹の３つの部分に大きく分けることができる（図4-3）。大脳は脳の大部分を占めており，その表層部分は大脳皮質と呼ばれる。大脳皮質は厚さ4mm程度のニューロンの集合体であり，複雑な運動の組織化，学習経験の記憶，感覚情報の受容という３つの重要な機能を持つ。大脳皮質は部位によって役割が異なっており，運動の制御に重要な役割をはたす領域は運動野と呼ばれる。運動野の隣には，手などの感覚器からの情報を受け取る体性感覚野が位置している。感覚情報は運動を実行する上で重要であり，これらの領域は連携して機能する。

　小脳は複雑な動作の調節に関与し，受容器からのフィードバックに応じて運動の制御を補助するとされる。多くの筋を巧みに操って運動を滑らかに遂行する（協調運動）上で重要な役割を担っており，小脳が損傷

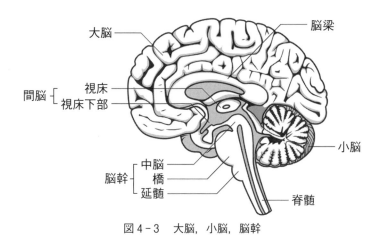

図4-3　大脳，小脳，脳幹

すると運動や姿勢維持が影響を受け，うまく歩けないなどの運動失調がみられることがある。

　脳幹は中脳，橋，延髄からなり，意識・呼吸・循環など生命維持に重要な役割を持つ。また，多くの反射の制御にも関与しているとされる。脳幹は，筋緊張や平衡機能，姿勢の保持にも関わっており，脳幹に損傷があると運動の制御が損なわれる。

　脊髄は，脊椎の中（脊柱管）を通って脳幹から脊椎の末端まで繋がる神経の束である。蝶のような断面を持つ脊髄の中心部には灰白質があり，その前角には運動ニューロンが，後角には感覚ニューロンが集まっている（図4-4）。脳からの指令は灰白質前角を通って末梢へ伝えられ，感覚器からの情報は灰白質後角を通って脳へと伝えられる。さらに脊髄は，

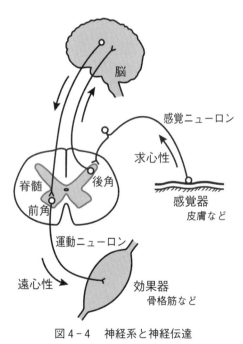

図4-4　神経系と神経伝達

脳を経由しない反応である反射を司っている。反射は脳を介さないため，反応時間が短いという特徴がある。

2）末梢神経系

　末梢神経系は，体性神経系と自律神経系に分類される。体性神経系は，意志によりある程度制御できる随意神経系であり，骨格筋の制御に関与している。一方，心臓など内臓の働きを調節する自律神経系は，意志とは無関係に働く不随意神経系である。体性神経はさらに感覚神経と運動神経に，自律神経は交感神経と副交感神経に分類される。

　体性神経の大部分は延髄で交差しているため，対象となる体部位はその反対側の脳によって司られている（左右交差（交叉）性）。体性神経のうちの感覚神経は，皮膚などの感覚器（受容器）からの情報を中枢神経系へ伝える役割を持つ。一方，運動神経は中枢神経系からの指令を骨格筋などの効果器に伝える役割を持つ。末梢からの情報を中枢へ伝える感覚神経は求心性線維，反対に，中枢からの情報を末梢へ伝える運動神経は遠心性線維とも呼ばれる。なお，自律神経系の交感神経と副交感神経はともに遠心性線維である。

2. 運動と神経系

（1）　活動電位

　ニューロンの細胞体で発生する電気信号である活動電位とは，細胞膜上に発生する急激な電位変動のことである。静止状態のニューロンは，細胞膜にあるイオンチャネルやイオンポンプにより，内側はマイナスに，外側はプラスに荷電している（図4-5）。この電位の差を静止膜電位という。このとき，細胞外はナトリウムイオン（Na^+）の濃度が高く，細胞内ではカリウムイオン（K^+）の濃度が高い。

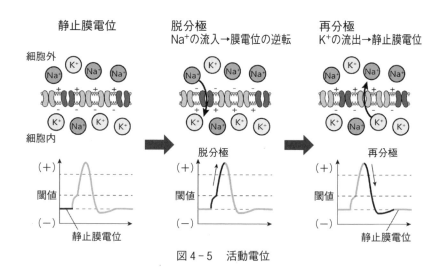

図 4-5　活動電位

　Na⁺, K⁺ などのイオンの移動は, ゲートを開閉するチャネルによって調節されており, チャネルが開くと濃度が高いほうから低いほうへと物質が移動する。神経細胞膜に十分な刺激が到達すると, Na⁺ チャネルが開いて細胞外の Na⁺ が細胞内へ流入し, 細胞内の電位が上昇（脱分極）する。脱分極が閾値に達するとさらに多くの Na⁺ チャネルが開き, 瞬間的に膜電位が上昇して活動電位が発生する。膜電位の上昇が閾値を超えると, 電位の変化を元に戻そうと K⁺ チャネルが開いて Na⁺ チャネルが閉じ, 細胞内の K⁺ が細胞外へ流出して再分極が引き起こされて静止膜電位に戻る。

　活動電位は, 発生すると軸索に沿って一方向に伝わり（伝導）, 軸索末端に到達する。軸索の太さ以外の条件が同じである場合, 太い軸索のほうが脱分極が速く伝わるため, 活動電位の伝導速度が速くなる。しかし, 有髄神経では, ミエリン鞘に覆われた部分を活動電位が飛び越え, ランビエ絞輪を跳躍するように伝わる（跳躍伝導）ため, 軸索が太くな

くとも活動電位の伝導速度が大幅に上昇する。そのため，活動電位の伝導速度は無髄神経よりも有髄神経で速い。

　軸索の末端に活動電位が到達すると，信号は神経伝達物質の放出という形で他のニューロンや骨格筋などの効果器に伝達される。神経の活動電位がそのまま筋に伝わるわけではないことに注意して欲しい。軸索の末端と筋線維が接する部分は神経筋接合部と呼ばれ，軸索の活動電位が到達すると，神経伝達物質であるアセチルコリンがシナプス間隙に放出される（図4-6）。このアセチルコリンが筋線維側にある受容体と結合することで，筋において活動電位が生じ，T管と呼ばれる場所を通して筋線維内に伝わる。T管は筋線維の細胞膜が陥入した構造をしており，活動電位を筋小胞体へ伝達する。筋小胞体はカルシウムイオン（Ca^{2+}）を放出し，アクチンフィラメントのトロポニンに Ca^{2+} が結合

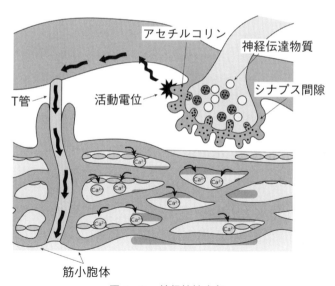

図4-6　神経筋接合部

して筋が収縮する。

（2）　運動単位

　骨格筋は，脳や脊髄からの運動指令により発生した活動電位が筋線維に伝わることで力を発揮する。脊髄から骨格筋まで情報を伝える運動神経線維を運動ニューロンといい，その末端は分岐して側枝を出し，筋線維の1本1本につながって支配している（図4-7）。1つの運動ニューロンとそれが支配する筋線維群を運動単位，支配される筋線維数を神経支配比と呼ぶ。

　運動単位内の筋線維は，同時に収縮・弛緩する。神経支配比が小さい（支配する筋線維の数が少ない）と，細かい動きが可能となる反面，小さな力しか発揮できない。反対に，神経支配比が大きい（支配する筋線

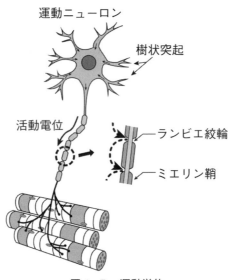

図4-7　運動単位

維の数が多い）と，大きな力を発揮できるが細かい調節は困難である。したがって，大きな力発揮よりも細かい動作の調節が必要となる筋は神経支配比が小さく，細かい調節よりも大きな力発揮が重要な筋では神経支配比が大きい。例えば，手指や眼球などを動かす筋群では神経支配比が小さく，大腿や背中の筋群では神経支配比が大きい。

　動員される運動単位の数を増やすことで，筋肥大なしに最大筋力を増加させることができる。これは，筋力トレーニングの初期に見られる神経系の適応の結果であり，運動ニューロンの動員数が増えることでより多くの筋線維が活性化され，発揮される筋力が増加する。また，トレーニングにより筋線維が収縮・弛緩するタイミングが一致するようになり，大きな力を発揮することができるようになる。

（3）　サイズの原理

　骨格筋は多くの運動単位を持つ。ひとつの運動単位が動員されても発揮される力は小さいため，大きな力を発揮するためには多くの運動単位が動員される必要がある。一般に，運動単位はそのサイズに従って順に動員され，初めに小さな運動ニューロンが活性化し，必要とされる発揮筋力の増加に伴ってより大きな運動ニューロンが動員される。これをサイズの原理という。

　運動単位には，収縮速度が遅いが疲労耐性が高い S（slow, fatigue resistant）型運動単位と，収縮速度が速く疲労耐性が低い F（fast）型運動単位がある。F 型はさらに FR（fast fatigue-resistant）型と FF（fast fatigable）型に分けられる。これらの運動単位に含まれる運動ニューロンのサイズには一定の傾向があり，S 型の運動ニューロンは小さく，FR 型，FF 型の順に大きくなる。S 型運動ニューロンは遅筋線維（I 型線維）を，FR 型は速筋線維の IIa 型線維を，FF 型は IIx 型線

維を支配している。

　S型運動ニューロンは，F型に比べ閾値が低く活動電位が発生しやすいという特徴がある。そのため，弱い収縮力しか要さない場合はS型運動ニューロンが優先的に活性化され，遅筋線維が動員される。これは，筋疲労を遅らせるのに役立つ。より大きな力発揮が必要になると，S型に加えてFR型，FF型運動ニューロンが動員され，遅筋線維と速筋線維の両方が動員される。このサイズの原理を踏まえると，大きな力を発揮できる速筋線維をトレーニングする場合は大きな負荷を用いる必要があることがわかるだろう。なお，サイズの原理には例外があり，重量挙げや短距離走など瞬発的に大きな力発揮を要する場合は，最初にF型運動単位を動員することで速く力強い動きが可能になる。

（4）　固有受容器と反射

　熱い物に触れたときに素早く手を引くなど，特定の刺激に対して無意識下で起こる反応を反射という。反射は，受容器からの情報に対し脳で情報を処理することなく効果器に反応を伝えるため，反応時間が速い。ここでは，運動や身体の位置感覚に関する反射について述べる。

　身体の位置や動きに関する情報を中枢神経系に送る受容器を，固有受容器と呼ぶ。固有受容器には様々なものがあるが，筋の長さに関する情報を検出する筋紡錘や，筋の張力に関する情報を検出するゴルジ腱器官（腱紡錘）などがある。これら固有受容器による活動筋からのフィードバックは，神経系が骨格筋の筋活動を適切に制御するために必要である。

　筋紡錘は，錘内筋線維と呼ばれる細い筋線維に求心性の感覚ニューロンであるIa線維が巻き付いた紡錘状の器官である（図4-8）。通常の筋線維（錘外筋線維）と平行に筋内に埋め込まれており，手の筋など，複雑な動きをする筋に多く見られる。筋紡錘は，骨格筋が急激に引き伸

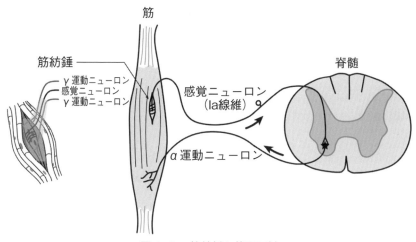

筋

筋紡錘

γ 運動ニューロン
感覚ニューロン
γ 運動ニューロン

感覚ニューロン
（Ia線維）

α 運動ニューロン

脊髄

図 4 - 8　筋紡錘と伸張反射

ばされたときに起こる伸張反射をもたらす。代表的なのは，膝下の腱を
叩くと膝関節が伸展する膝蓋腱反射である。急激に筋が引き伸ばされる
と筋紡錘がその情報を感知し，感覚ニューロンを介して情報を脊髄に伝
える。情報は脊髄で運動ニューロンに引き継がれ，運動ニューロンは引
き延ばされた筋に収縮指令を伝えて筋活動を引き起こす。

　ゴルジ腱器官は，筋に生じる張力を絶えずモニタしており，過度な張
力が発生するのを防ぐ安全装置として働く。ゴルジ腱器官が張力を感知
すると，感覚ニューロン（Ib 線維）を介して脊髄にある抑制性介在
ニューロンを刺激する。抑制性介在ニューロンの活性化により，運動
ニューロンの発火が抑制されて発揮張力が減少し，筋の損傷を予防する
（図 4 - 9）。このようにゴルジ腱器官は，伸張反射とは逆の反射（Ib
抑制反射，結果的に筋張力を低下させる）を引き起こすことが知られて
いる。また，ゴルジ腱器官は筋を受動的にストレッチすることによって
も活性化し，伸ばされた筋が弛緩する。

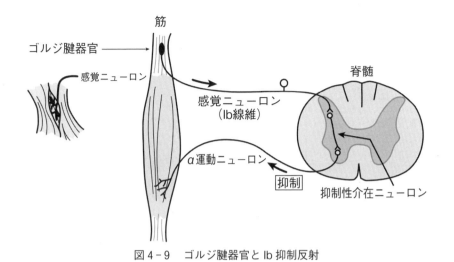

ゴルジ腱器官

筋

感覚ニューロン

脊髄

感覚ニューロン
（Ib線維）

α運動ニューロン

抑制

抑制性介在ニューロン

図4-9　ゴルジ腱器官とIb抑制反射

　このように，筋紡錘やゴルジ腱器官などの固有受容器は，筋の長さや発揮張力をモニタすることで，身体各部位の位置関係や四肢の動きの速さなどに関する情報を中枢神経系にフィードバックし，複雑な運動の遂行に貢献している。

3. まとめ

　本章では，基本的な神経系の構造とその働きついて，運動の制御を中心に解説した。神経系は，感覚器からの情報を処理し運動指令を骨格筋に伝える重要な役割を担っており，適切な場面で適切な筋力を発揮するためには神経系の働きが欠かせない。日常の何気ない様々な動作は，神経系と骨格筋が相互に機能した結果であるといえる。

参考文献

１．内藤久士，柳谷登志雄，小林裕幸，髙澤祐治．パワーズ運動生理学　体力と競技力向上のための理論と応用（原書第10版），メディカル・サイエンス・インターナショナル，2020．

２．McArdle WD, Katch FI, Katch VL. *Exercise Physiology: Nutrition, Energy, and Human Performance*. LWW, 8th ed, 2014.

３．中里浩一，岡本孝信，須永美歌子．１から学ぶスポーツ生理学，ナップ，2012．

5 | 呼吸器系の構造と働き

関根紀子

《目標＆ポイント》　ヒトは，酸素を体内に取り入れることでエネルギーを得るとともに生じた二酸化炭素を排出し，エネルギーの生成と消費を繰り返している。持久的な運動を行う際には通常よりも多くのエネルギーが必要となるため，いかに多くの酸素を取り込むか，取り込んだ酸素を効率よく利用するか，そして速やかに二酸化炭素を排出するかが重要となる。本章では，酸素の取り込みと二酸化炭素の排出を担う呼吸器の構造と機能，および運動に対する応答について理解することを目指す。
《キーワード》　呼吸筋，ガス交換，換気量，酸素摂取量，無酸素性作業閾値

1. 呼吸器系の構造

（1）　気管・気管支・肺

　呼吸器は，口腔，鼻腔，咽頭，喉頭，気管，気管支，肺で構成され，口や鼻を通して酸素を取り込み，二酸化炭素を排出する役割を担う。空気の通り道としての役割を持つ部分を気道といい，鼻腔や喉頭などの部分を上気道，気管から下の部分を下気道と呼ぶ（図5-1）。気道は，取り込んだ空気を暖め加湿する役割や，ほこりなどの異物を取り除く役割を担っている。

　気管は心臓が位置するあたりで左右に枝分かれし，気管支となって肺に入る。肺は左右に2つあり，右肺は上葉，中葉，下葉の3つに，左肺は上葉と下葉の2つに分かれている。左右の肺の間にある心臓がやや左寄りに位置しているため，右肺にくらべ左肺がやや小さく，主気管支

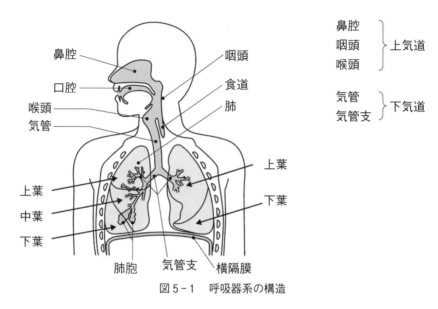

鼻腔
咽頭
喉頭 } 上気道

気管
気管支 } 下気道

鼻腔
口腔
喉頭
気管
上葉
中葉
下葉
肺胞　気管支　横隔膜
咽頭
食道
肺
上葉
下葉

図5-1　呼吸器系の構造

　（はじめに枝分かれした気管支）も右に比べ左が細い。成人では，肺の重さは約2.3kg，体積は4〜6Lほどであり，これはバスケットボール内の空気の量とほぼ同じである。

　肺に入った気管支はさらに枝分かれして細気管支となり，またさらに枝分かれして肺胞と呼ばれる組織へと繋がる。肺胞は気道を経て取り込まれた酸素を血液へ渡し，また血液を通して細胞から排出された二酸化炭素を受け取るガス交換が行われる場である。気管支から肺胞まではその形からよくブドウに例えられ（図5-2），気管支は太い枝，肺胞管は細い枝，肺胞嚢がブドウの房であり肺胞一つ一つがブドウの粒に見立てられる。肺胞一つ一つの大きさは約0.3mmほどであるが，その数は両肺合わせて数億個にもなり，ガス交換に利用可能な全表面積は60〜80m^{2}になるとされる。これはおよそテニスコートの半分の広さに相当し，表面積を大きくすることで周りを取り囲む無数の毛細血管と肺胞の

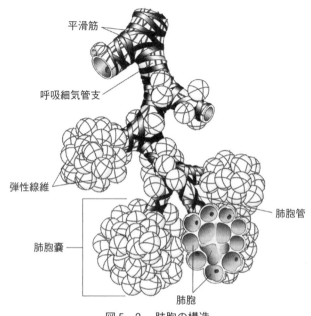

平滑筋

呼吸細気管支

弾性線維

肺胞嚢

肺胞管

肺胞

図5-2　肺胞の構造

（出典：増田敦子，2016）

接触を増やし，ガス交換が行われやすいようになっている。なお，肺胞の壁は非常に薄く，ガス交換に適した構造になっているが，その反面，壊れやすいというデメリットも併せ持っている。

（2）　呼吸筋

　肺は呼吸を行うために自ら能動的に拡張・収縮するわけではなく，横隔膜や肋間筋といった呼吸筋の働きによって胸郭の容量が変わることで受動的に拡張・収縮し，空気の出入りを可能にしている。胸郭を拡大することができる筋は呼吸筋とみなされ，横隔膜や肋間筋などがそれに含まれる。胸郭は，胸骨，肋骨，胸椎などの骨と，それに付随する筋肉か

らできており，この中の空間は胸腔と呼ばれる。胸腔は常に大気圧より
も圧が低い陰圧に保たれている。胸郭が大きくなるとさらに内圧が下が
るため，肺が膨らんで空気が流れ込み（吸気），胸腔が小さくなると肺
から空気が押し出される（呼気，図 5 - 3）。

　胸郭の下部を覆う横隔膜は胸腔と腹腔を隔てる膜状の骨格筋であり，
上に膨らんだドーム状の形をしている。弛緩しているとき，横隔膜は腹
腔にある内臓に押し上げられてドーム状にたわみ，胸腔が小さくなって
いる。横隔膜が収縮すると，たわんでいた部分が平らになって内臓を押
し下げ，胸腔が大きくなる（図 5 - 4）。安静時の場合，吸気はほぼ横隔
膜によって行われる。

　肋間筋も，横隔膜とともに胸腔の大きさを変化させ呼吸に関与する筋
であるが，その働きは主に運動時に重要となる。肋間筋は肋骨と肋骨の

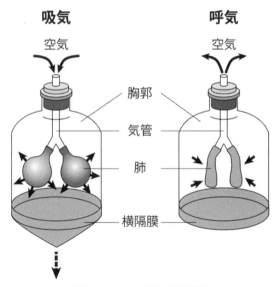

図 5 - 3　ヘーリングの模型

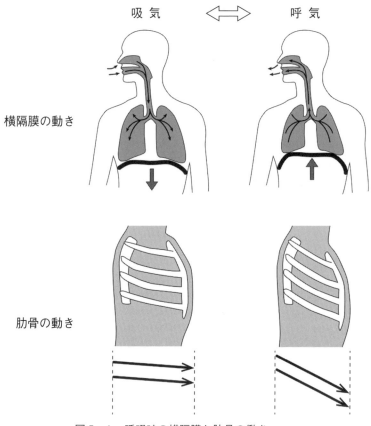

吸気　⟺　呼気

横隔膜の動き

肋骨の動き

図5-4　呼吸時の横隔膜と肋骨の働き

間に位置し，内側にある内肋間筋と外側にある外肋間筋の2つに大きく
分けられる。内肋間筋が収縮すると肋骨が引き下げられて胸郭が狭まり，
反対に外肋間筋が収縮すると肋骨が引き上げられて胸郭が広がる。

　安静状態の呼気時には，呼吸筋が働く必要はほとんどない。吸気時に
膨らんだ胸郭は横隔膜が緩むことで自然と元に戻るため，呼気は自動的
に行われるからである。したがって，安静時に呼吸筋が働くのは吸気時

が中心となるが，運動時には努力して呼気を行う（努力呼吸）必要が生じるため，呼気時にも呼吸筋が働くようになる。

2. 呼吸器系の働き

（1）　呼吸

　呼吸とは，大気と細胞との間で行われる酸素と二酸化炭素の交換のことである。呼吸は，肺胞と血液の間で行われる肺呼吸（外呼吸）と，細胞と血液との間で行われる細胞呼吸（内呼吸）とに大別され，一般的に呼吸というときは肺呼吸のことを指す。肺で行われる酸素と二酸化炭素の交換は，換気と拡散の2つの過程を経て行われる。換気とは，肺の空気を出し入れする機械的な過程を指し，拡散は，高濃度領域から低濃度領域へ分子がランダムに移動することを指す。

　呼吸の過程は，肺換気，肺胞でのガス交換，循環輸送，体組織でのガス交換の4つに分けることができる。肺換気は大気と肺胞領域との間の呼吸ガスのやり取りを，肺胞でのガス交換は肺胞と血液との間の拡散による呼吸ガスのやり取りを指す。循環輸送は血液に取り込まれた呼吸ガスを全身に運搬することであり，体組織でのガス交換は血液と全身の細胞との間の呼吸ガスのやり取りのことである。肺で取り込まれた酸素はこの4つの過程を経て全身の細胞へ運ばれ，細胞から血液に受け渡された二酸化炭素はその逆の過程をたどって肺へと戻る。

（2）　肺換気

　1分間あたりに肺を出入りする空気の量を分時換気量（$\dot{V}$）という。また，1回の呼吸によって出入りする空気の量を1回換気量（V_T: tidal volume）といい，1回換気量に1分間の呼吸数（f）を掛けたものが分時換気量となる。成人の1回換気量はおよそ0.5～1L，呼吸数はおよそ

12〜15回であるとされる。仮に1回換気量が0.5L，呼吸数が12回だとすると，分時換気量は6L/分となる。

　自発的に行われる通常の呼吸（自然呼吸）からさらに努力して吸い込むことができる空気の量の最大値を予備吸気量，吐き出すことができる量の最大値を予備呼気量という。1回換気量，予備吸気量，予備呼気量を合わせたものが肺活量（VC: vital capacity）であり，成人男性でおよそ4Lである。肺気量はスパイロメトリーと呼ばれる方法を用いて測定することができ（図5-5），肺活量は，最も息を吸い込んだ状態（最大吸気位）から吐き出すことができる最大の呼気量として測定される。なお，最大限努力して空気を吐き出しても，気管や気管支，肺などに残る空気の量を残気量（RV: residual volume）という。肺活量と残気量を合わせたものが全肺気量（TLC: total lung capacity）である。

　口や鼻から取り込まれた空気のすべてが肺胞に到達するわけではなく，一部は気管や気管支に残る。これを解剖学的死腔といい，安静時1回換気量の30%程度に相当するとされる。また，肺胞に到達したにもかかわらず，血流低下などのためにガス交換に利用されない空気を肺胞死腔

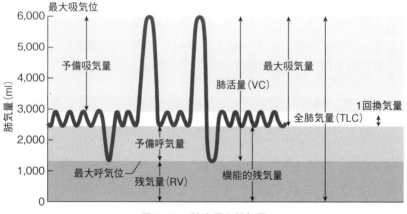

図5-5　肺容量と肺気量

（出典：内藤久士ら，2020）

という。解剖学的死腔と肺胞死腔を合わせて生理学的死腔といい，吸い
込んだにもかかわらずガス交換に使用されない空気すべての量のことを
表している。

（3）　ガス交換

　ガス交換は，肺胞と細胞組織において血液を介して行われる。肺胞の
周囲は肺動脈や肺静脈につながる毛細血管が網目状に取り巻いており，
酸素は肺胞から毛細血管に，二酸化炭素は毛細血管から肺胞に受け渡さ
れる。成人では，安静時 1 分間当たりおよそ250mL の酸素が取り込ま
れ，200mL の二酸化炭素を排出している。持久的な運動を行っている
アスリートの場合，運動時にはこの25倍の酸素と二酸化炭素がやり取り
される。

　肺胞でのガス交換には，酸素と二酸化炭素のガス分圧の差による拡散
が利用される（図 5 - 6 ）。酸素分圧（PO_2）は肺胞内で100mmHg，肺
胞を取り囲む静脈血で40mmHg であり，肺胞のほうが高い。一方，二
酸化炭素分圧（PCO_2）は肺胞内で40mmHg，静脈血で46mmHg であり，
静脈血のほうが高い。この分圧の差は，圧力が高いほうから低いほうへ
物質が移動してガス濃度を均一にしようとする拡散を引き起こし，酸素
は肺胞から静脈血へ，二酸化炭素は静脈血から肺胞へと移動する。ガス
交換の量はガス分圧の差に依存し，差が大きいほど多くのやり取りがな
される。

　肺胞でのガス交換によって血液中へ移動した酸素のおよそ99％は，赤
血球に含まれるヘモグロビンと結合して各組織へと運ばれる。ヘモグロ
ビン 1 分子は 4 つの酸素分子と結合することができ，酸素と結合したヘ
モグロビンは酸素化ヘモグロビン，酸素を放出したヘモグロビンは脱酸
素化ヘモグロビンと呼ばれる。全ヘモグロビン量に対する酸素化ヘモグ

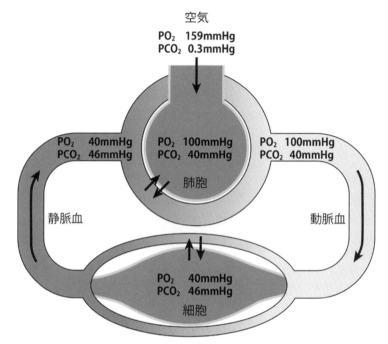

図5-6　ガス分圧とガス交換

ロビン量の割合を酸素飽和度といい，酸素がどの程度供給されているか
の目安とされ，安静時の健康な成人ではおよそ95～98％であるとされる。
　酸素化ヘモグロビンによって全身の組織に運ばれた酸素は，酸素を必
要とする筋や内臓などの細胞に酸素を受け渡す。このとき，血液と細胞
との間でガス交換が行われるが，肺胞でのガス交換とは異なり，PO_2は
血液で，PCO_2は細胞で高いため，酸素は血液から細胞へ，二酸化炭素
は細胞から血液へと移動する。
　血液に移動した二酸化炭素の大部分（およそ80％）は，赤血球内の炭
酸脱水素酵素の働きにより水と反応し，炭酸を経て重炭酸イオン

（HCO₃⁻）と水素イオン（H⁺）に解離して血液中を移動する。なお，血中二酸化炭素の約10％は血漿中に溶解して，約10％はヘモグロビンに結合して運ばれる。肺胞に到達した HCO_3^- と H^+ は再び二酸化炭素に合成され，体外へ排出される。

3. 運動と呼吸

（1）　運動に伴う呼吸の変化

　運動時には筋の活動量が増加するため，安静時よりも多くの酸素が必要となる。低～中等度の一定強度の運動を行った場合，運動直後には急激な換気量の増加に伴う酸素摂取量（身体に取り込む酸素の量）の増加が見られる（第1相，図5-7）。20秒ほど経過するとその変化は緩やかな増加に移行し（第2相），必要な酸素の量（酸素需要量）と酸素摂取量のバランスが安定すると定常状態（第3相）となる。その後，運動を停止すると安静状態へと戻る。なお，このような定常状態が見られるのは最大下運動時であり，最大運動時の酸素摂取量は直線的に増加する。

　多くの酸素を身体に取り込むためには多くの空気が必要となるため，運動強度が高まり酸素需要量が増加するにつれて，呼吸数と1回換気量

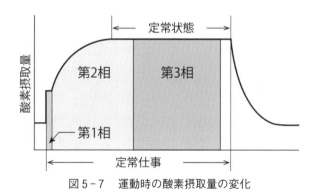

図5-7　運動時の酸素摂取量の変化

が増加する。激しい運動になると，呼吸数は健康な成人で35〜45回程度，1回換気量は3L程度にもなり，その結果分時換気量（呼吸数×1回換気量）が100L/分以上にもなる。これは安静時の15〜25倍に相当する。持久系のアスリートでは，運動強度が最大の場合60〜70回にまで呼吸数が増加し，分時換気量が160L/分にもなるとされる。アメリカンフットボールのプロ選手においては分時換気量が200L/分以上にもなるとの報告もある。このような大きな分時換気量は呼吸数の増加によるものであり，1回換気量は肺活量の60％程度にとどまる。

（2）　酸素借と酸素負債

　運動を開始すると酸素摂取量が増加するが，必要な量の酸素がすぐに供給されるわけではなく，酸素需要量と酸素摂取量が定常状態になるまで一定の時間を要する（図5-8）。定常状態に達するまでの間，つまり酸素摂取量が酸素需要量を下回っている状態では，酸素を要しない無酸素性エネルギー供給系によってエネルギーがまかなわれる。この運動直後の酸素供給不足を酸素借（oxygen deficit）という。運動トレーニングにより酸素摂取量が速やかに定常状態に達するようになるため，特に

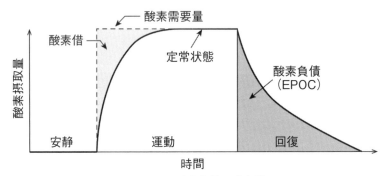

図5-8　酸素負債と酸素借

持久系のトレーニングを積んだ鍛錬者の酸素借は非鍛錬者よりも小さくなる。

　運動が終了すると酸素需要量は安静時のレベルに戻るが，酸素摂取量が安静状態に戻るまでにはある程度の時間を要する。この運動後の酸素摂取量の増大を酸素負債（oxygen debt）という。酸素借も酸素負債も強度が高い運動で大きな値を示し，持久系のアスリートで小さいとされる。

　以前は酸素借と酸素負債は等しいと考えられていたが，現在では酸素負債が酸素借を上回ることが知られている。これは，酸素負債には酸素借に加えて体温上昇や代謝の亢進などの要因が含まれているためであり，特に高強度運動でこの差が大きくなることが示されている。酸素負債は運動後の過剰な酸素消費であるということもできるため，EPOC（excess post exercise oxygen consumption）とも呼ばれる。

（3）　最大酸素摂取量

　運動により酸素需要量が増加すると，呼吸・循環器系の働きが亢進し，酸素摂取量が増加する。低～中等度の運動の場合，運動強度を徐々に増加させる（漸増負荷）と換気量と酸素摂取量の直線的な増加が見られる。このときの換気量の増加は，主に1回換気量の増加によるものである。

　さらに運動強度を増加させ続けると，酸素摂取量の増加は頭打ちになり横ばい状態となる（レベリングオフ，図5-9）。このときの1分間あたりの酸素摂取量の最大値を最大酸素摂取量（$\dot{V}O_2max$: maximal oxygen uptake）という。最大酸素摂取量は，心肺能力や有酸素性能力を表す指標として広く用いられている。また，最大酸素摂取量の相対値（%$\dot{V}O_2max$）は，相対的な運動強度を表す指標としても用いられる。酸素摂取量は体格の影響を受けるため，個人の数値を表すときは体重当たりの相対量（L/kg/分またはmL/kg/分）として表されることが多い。

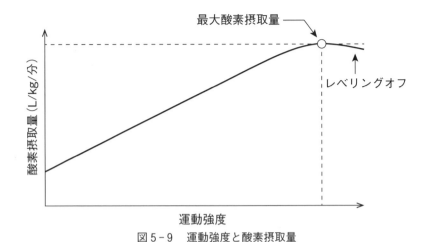

図5-9　運動強度と酸素摂取量

　最大酸素摂取量は，口や鼻を覆うマスクを装着し，運動負荷が漸増的に増加する漸増負荷運動時の呼気を採取することによって測定される。この漸増運動負荷テストは，疲労の影響を受けないよう，運動時間と負荷の増加速度を注意深く設定しなければならない。最大酸素摂取量の測定には，トレッドミルを用いた走運動や，自転車エルゴメーターを用いたペダリング運動が選択されることが多い。一般に，ペダリング運動による値は走運動で得られた値よりも10%程度小さくなるとされるが，アスリートの場合は競技種目やトレーニング内容の影響を受けるためこの限りではない。したがって，研究や測定の目的，対象者の特性を踏まえて測定方法を選択することが必要である。

　最大酸素摂取量を決定する第一の基準は，レベリングオフが観察されることであるため，測定対象者にはかなりの負荷がかかることになる。そのため，レベリングオフの確認を必要とせず比較的安全に測定できる最高酸素摂取量（peak$\dot{V}O_2$）が代わりに用いられることがあるが，これ以上の酸素摂取量の増加が見られないことが確認できる最大酸素摂取量

と，その後も酸素摂取量の増加が見られる可能性が残っている最高酸素摂取量は明確に区別されるべきである。

（4）　無酸素性作業閾値

　漸増負荷運動時に低～中等度からさらに運動強度を増加させると，酸素摂取量が引き続き直線的に増加するのに対し，換気量はある時点を境に急激に増加することが観察される（図5-10）。このとき，有酸素性から無酸素性のエネルギー供給へのシフトが起こっているとされ，この時点を無酸素性作業閾値（AT: anaerobic threshold）と呼ぶ。AT は換気量の変化から測定することができ，換気量が急激に増加する時点を換気

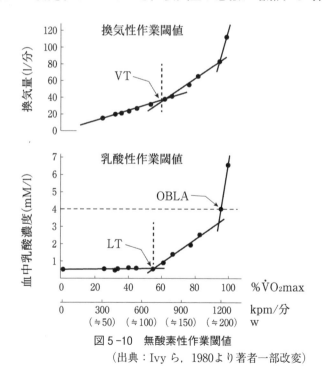

図5-10　無酸素性作業閾値
（出典：Ivy ら，1980より著者一部改変）

82

性作業閾値もしくは換気閾値（VT: ventilatory threshold）という。

　ATは，換気量だけでなく血中の乳酸濃度を測定することによっても判定することができる。徐々に運動強度を上げていくと，血中乳酸濃度にも急激に増加する時点がみられ，これを乳酸性作業閾値もしくは乳酸閾値（LT: lactate threshold）という。

　さらに乳酸は，4 mM付近を境に急激な増加が観察される。この時点をOBLA（onset of blood lactate accumulation）といい，トレーニングを行う際の運動強度の指標として用いられる。LTとは異なり，OBLAは血中乳酸濃度が増加する時点を指すのではなく，血中乳酸濃度が4 mMに到達する運動強度や酸素摂取量として定義される。

4. まとめ

　本章では，呼吸器の構造と呼吸の働き，および運動時の呼吸の変化について述べた。細胞が活動するためには酸素が必要であり，また，二酸化炭素を排出する必要がある。呼吸器は循環器とともに酸素と二酸化炭素のやり取りを行う機能を担っており，生命維持にとって重要であるだけでなく，運動の遂行に不可欠な酸素供給においても重要な役割を果たしている。

参考文献

1．内藤久士，柳谷登志雄，小林裕幸，髙澤祐治．パワーズ運動生理学 体力と競技力向上のための理論と応用（原書第10版），メディカル・サイエンス・インターナショナル，2020.
2．増田敦子．解剖生理をおもしろく学ぶ（新訂版），サイオ出版，2015.
3．中里浩一，岡本孝信，須永美歌子．1から学ぶスポーツ生理学，ナップ，2012.
4．Ivy JL, Withers RT, Van Handel PJ, Elger DH, Costill DL. Muscle respiratory capacity and fiber type as determinants of the lactate threshold. *J Appl Physiol Respir Environ Exerc Physiol*, 48(3): 523-527, 1980.

6 │ 循環器系の構造と働き

関根紀子

《**目標＆ポイント**》 呼吸によって身体に取り込まれた酸素は，血液を介して心臓から全身へ送られる。血管は血液の通り道であり，脳，内臓，筋肉などの各組織へ酸素を運ぶ輸送路の役目を果たす。運動中は多くの酸素が必要となるため，循環器系の働きが亢進し，必要に応じて心拍数や心拍出量が増加する。本章では，酸素を運搬する循環の働きと運動に対する応答について理解することを目指す。

《**キーワード**》 心臓，血管，心拍数，血圧，心拍出量

1. 循環器系の構造

（1） 血液循環

血液循環とは，心臓のポンプ作用によって血液が血管内を巡る働きのことである。心臓から出ていく血管を動脈，戻ってくる血管を静脈といい，血液は動脈を通って心臓から各組織へ運ばれ，静脈を通って心臓に戻ってくる。血液循環は，心臓から送り出された血液が全身を巡る体循環（大循環）と，血液が肺を通り心臓へと戻ってくる肺循環（小循環）に大きく分けられる（図6-1）。体循環では，心臓から酸素を豊富に含んだ血液（動脈血）が動脈を通って送り出され，体の各組織へ酸素を渡すとともに二酸化炭素を受け取って，酸素が少ない血液（静脈血）となって静脈を通り心臓に戻る。これに対し肺循環では，動脈を通って静脈血が肺に送り出され，酸素を受け取り動脈血となったのち静脈を通って心臓に戻る。つまり体循環とは異なり，肺循環では動脈を静脈血が，

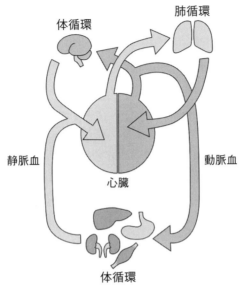

体循環　肺循環

肺循環

体循環

静脈血　　　　　　　　　　動脈血

心臓

体循環

図6-1　肺循環と体循環

静脈を動脈血が流れることになる。

（2）　心臓と血管

1）心臓

　循環器系の中心となる心臓は心筋でできており，血液を送り出すポンプの役目を果たしている。心筋は骨格筋と同様に横紋筋だが，自らの意志で調節できない不随意筋である。また，心筋は筋線維タイプで分けることができないこと，筋サテライト細胞がないため再生能が限られることなど，いくつかの骨格筋と異なる特徴がある。

　心臓には，右心房，左心房，右心室，左心室の４つの部屋があり，この４つの部屋の働きによって血液循環が調節されている（図6-2）。左

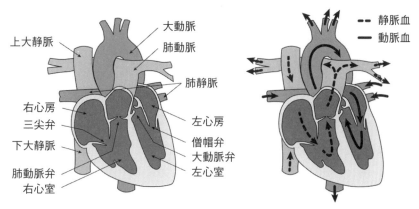

図 6 - 2　心臓の構造と血液の流れ

　右の心房は心房中隔，心室は心室中隔と呼ばれる壁で仕切られており，右心房と左心房，右心室と左心室の血液が混ざり合うのを防いでいる。心房に比べ心室の壁は厚く発達しており，全身に血液を送る体循環に関わる左心室の壁は特に厚くなっている。

　心室の出入り口には合計で 4 つの弁があり，それぞれ血液の逆流を防ぐ役割を果たしている。心房と心室の間，つまり，心室の入り口にある弁を房室弁といい，右心房と右心室の間の弁を三尖弁，左心房と左心室との間の弁を僧帽弁という。三尖弁は右心室から右心房への血液の逆流を，僧帽弁は左心室から左心房への血液の逆流を防いでいる。また，心室の出口にある弁を動脈弁といい，右心室にある弁を肺動脈弁，左心室にある弁を大動脈弁という。肺動脈弁は肺動脈から右心室への血液の逆流を，大動脈弁は大動脈から左心室への逆流を防いでいる。心音は，これら 4 つの弁が閉じるときの音である。

　一般に心臓は女性より男性で大きく，だいたい「握りこぶし程度の大きさ」で，成人で250〜300g 程度であるとされる。アスリートに見られ

86

るスポーツ心臓では，全身に血液を送るためのポンプの役割を果たす左
心室の壁の肥大が観察される。これは高強度の運動トレーニングに対応
するための適応であると考えられている。

2）血管

　成人の血管を1本に繋げると，その長さはおよそ10万kmにもなる。
これは地球2.4周に相当する長さである。血管は，動脈，静脈，毛細血
管の3つに大きく分けられる（図6-3）。動脈は，末梢に向かうにつれ
て無数に枝分かれして毛細血管となり，組織を出た毛細血管は心臓に向

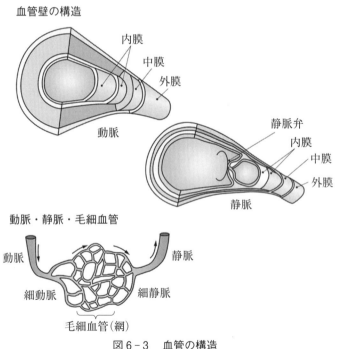

図6-3　血管の構造

（出典：中里紘一ら，2021）

かうにつれて合流し静脈となる。左心室から伸びる上行大動脈の太さは約2.0〜3.3cm もあるが，最も細い動脈である細動脈では約0.01〜0.3mm である。毛細血管の太さはおよそ0.007〜0.01mm で，これは赤血球がようやく通ることができる程度である。

　動脈と静脈の壁は，外膜，中膜，内膜の三層構造になっている。外膜は主に結合組織でできており，血管を保護している。中膜は平滑筋と弾性線維からなる弾性板でできており，血管を収縮・弛緩させるための役割を担う。一方，毛細血管の壁は薄く，1層の内皮細胞とそれを取り巻く基底膜でできており，物質の透過性が高く細胞との物質のやり取りに適した構造となっている。

　動脈は静脈に比べ中膜である平滑筋の層が厚く，丈夫で伸縮性と弾力性に富む。これは心臓の収縮による圧力に対応するためである。動脈は主に酸素が豊富な動脈血の通り道だが，動脈壁が厚いため，周辺組織への酸素や二酸化炭素の受け渡しは生じない。

　毛細血管は網目状になっており，動脈と静脈を繋ぐ場所とも言える。薄い毛細血管壁には無数の穴があいており，物質透過性が高く，骨格筋や内臓などの組織と物質のやり取りがしやすくなっている。毛細血管密度は組織によって異なり，ヒト骨格筋では $1\,mm^2$ あたり2000〜3000本とされるが，安静状態下ではすべての毛細血管が機能しているわけではない。しかし，体を動かすと使われていない毛細血管が開き，高強度運動の場合には，安静時の15〜20倍に血流が増加する（図6-4）。例えば腓腹筋の場合，安静時では筋100g あたり5mL/分の血液が毛細血管を流れているが，高強度運動時では80mL/分の血液が流れることとなる。

　全身の組織に張り巡らされた毛細血管は，集まって静脈となり心臓へとつながる。安静時には全血液量の65% が静脈に貯留するため，静脈は容量血管とも呼ばれる。最も太い下大静脈の太さは2cm 程度である。

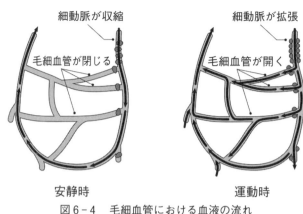

図6-4　毛細血管における血液の流れ

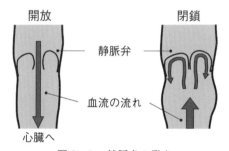

図6-5　静脈弁の働き

静脈壁も動脈と同様に3層からなるが，高い圧力がかかることがないため中膜が薄く，伸展しやすい構造になっている。圧（静脈圧）が低いと血液が逆流する恐れがあるが，これを防ぐため，静脈の内部には弁（静脈弁）がついている（図6-5）。静脈弁は四肢に多く存在し，筋ポンプの弁として働く。筋ポンプとは，律動的な骨格筋の収縮により，静脈が圧迫されて血液を心臓に押し戻す作用をいう。この一連の動きはしばしば牛の乳搾り（ミルキングアクション：milking action）に例えられる。

2．循環器系の働き

（1）　心臓の働き

　心臓は血液を循環させるポンプとして重要な役割を担っている。心臓
へやってきた血液は一旦心房に溜まり，十分に心室へ送られたのち肺や
全身へと送り出される。つまり心房は補助ポンプ，心室はメインポンプ
として働く（図6-6）。

　心臓は電気信号によって拍動しており，この信号を伝える経路を刺激
伝導系（図6-7）という。心臓の拍動の源は右心房にある洞房結節で
あり，ペースメーカーの役割を果たしている。洞房結節は心筋細胞が収
縮するための信号（脱分極）を一定間隔で発生させ，規則正しい拍動を
生み出す。洞房結節の規則正しい脱分極は，周期的な電気信号となって
放射状に広がり，心房全体を次々と脱分極させて房室結節に集まる。心

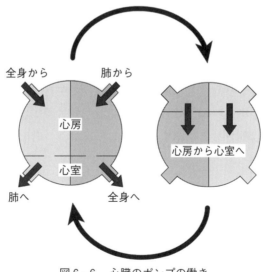

図6-6　心臓のポンプの働き

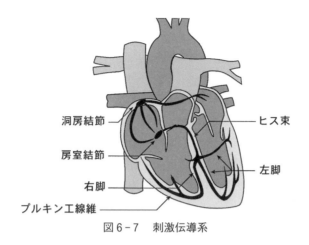

図6-7　刺激伝導系

房と心室が連携し効率よく血液を送り出すためには，心室が拡張している間に心房が収縮して心室に血液を送り，反対に心室が収縮している間には心房が拡張して血液をため込む仕組みが必要である。つまり心房と心室は交互に収縮する必要があり，洞房結節からの信号が心房から心室へ伝わるまでの時間差が必要となる。房室結節は信号の伝導速度を遅らせ，時間差を生み出す働きをしている。

　房室結節に集まった信号は，ヒス束を通って左右の脚とプルキンエ線維に伝わり，心室を収縮させる。脚とプルキンエ線維は，心室を短時間で規則正しく収縮させる役割を担う。これにより，右心室から肺へ，左心室から全身へと血液が送り出される。

（2）　心電図

　刺激伝導系の働きを測定し，波形として表したものが心電図（ECG：electrocardiogram）である（図6-8）。洞房結節で発生した信号が心房を収縮させた時に現れる波形をP波，房室結節からヒス束，脚，プ

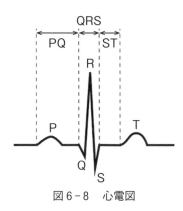

図6-8　心電図

ルキンエ線維へと信号が伝わり心室が収縮するときに現れる波形を
QRS 波（R 波），心室の収縮が終わり心室の状態が回復するときに現れ
る波形を T 波という。つまり，PQ 部分では心房から送られた血液が心
室に溜まり，QRS 部分で心室から肺や全身へと血液が送り出され，ST
部分で心室が次の収縮への準備をしている。

　心拍数（HR：heart rate）とは，血液を送り出すために心室が収縮す
る 1 分間あたりの回数のことであり，触診などにより R 波の回数を数
えることや，心電図の R 波と R 波の時間間隔（RR 間隔）を測定するこ
とによって求められる。安静時における成人の心拍数は60～80拍 / 分で
あり，60拍未満を徐脈，100拍以上を頻脈という。

　心電図は，心臓の働きに異常があるとその波形に変化が現れるため，
定期検診や診断に広く用いられる。一般的に行われている安静時での心
電図検査からは，不整脈や虚血性心疾患，心肥大などを読み取ることが
できる。一方，運動誘発性の不整脈や虚血性心疾患など，心臓に負荷が
かかったときに現れる疾患には，運動負荷をかけながら心電図を測定す
る負荷心電図が用いられる。

（3） 血液量と血流

　心臓から送り出される血液の量は，成人では1回の拍動でおよそ70mL，1分間でおよそ5Lであり，1日に7200Lほどにもなる。1回の拍動で送り出される血液量を1回拍出量（SV：stroke volume）といい，1分間に心臓から送り出される血液量を心拍出量（$\dot{Q}$：cardiac output）という。心拍出量は以下の式で表すことができる。

$$心拍出量（\dot{Q}）＝心拍数（HR）×1回拍出量（SV）$$

　1回拍出量は，収縮能，前負荷，後負荷の3つの因子によって決定される（図6-9）。収縮能とは心室が収縮する能力，つまり血液を送り出す能力のことである。前負荷は大静脈の圧力のことであり，静脈を通って心臓に戻ってくる血液量（静脈還流量）が関わっている。静脈還流量が増加すると1回拍出量が増加し，多くの血液が心臓から送り出される。これはスターリングの心臓の法則と呼ばれ，心室内の血液量（前負荷）

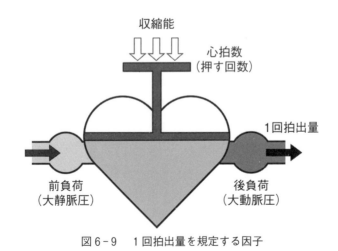

図6-9　1回拍出量を規定する因子

が増加すると心室の心筋が引き伸ばされ，その反動で血液を送り出す収縮力が強くなることを指す。なお，静脈還流量の維持・増加には筋収縮を利用した筋ポンプ作用が重要な役割を果たしており，静脈還流量が低下すると下肢に血液が滞留し，いわゆるむくみが見られるようになる。後負荷は大動脈の圧力であり，心臓から血液を送り出す時にかかる抵抗（末梢血管での血液の流れにくさ：末梢血管抵抗）が関与する。

（4）　血圧

　血圧（BP：blood pressure）とは，血液により血管壁に加わる圧力のことをいう。血圧には動脈圧，静脈圧，毛細血管圧などがあるが，一般的には動脈圧を意味する。左心室が収縮して血液が大動脈に送り込まれると動脈内の圧力が上昇し，弾力に富む動脈が元の状態に戻る力を利用して血液が末梢へと送られ，圧力が低下する。つまり，血圧は心臓が収縮し血液を送り出すたびに変化する。

　心臓が収縮し血液を押し出すときの圧力を収縮期血圧（最高血圧），心臓が拡張し血液が心臓に戻る時の圧力を拡張期血圧（最低血圧）という。また，収縮期血圧と拡張期血圧の差を脈圧といい，収縮期血圧と拡張期血圧を平均したものを平均血圧という。平均血圧は以下の式で求めることができる。

$$平均血圧 ＝（収縮期血圧 － 拡張期血圧）÷ 3 ＋ 拡張期血圧$$

　血圧には，血液の粘性や循環量，大動脈の弾力性などが影響するが，心臓から送り出される血液の量（心拍出量）と末梢血管抵抗の影響を強く受け，以下の式で求めることができる。

$$血圧 ＝ 心拍出量 \times 末梢血管抵抗$$

　つまり，心拍出量と末梢血管抵抗の両方あるいはどちらかに異常があると，血圧に異常が生じることとなる。理想的な血圧値（至適血圧）は，収縮期血圧で120mmHg未満，かつ拡張期血圧で80mmHg未満とされ，収縮期血圧が140mmHg以上，もしくは拡張期血圧が90mmHg以上の場合は高血圧と判断される。また，収縮期血圧が100mmHg未満で，疲れやすい，眩暈などの特有の症状がある場合は低血圧と診断される。

3. 運動と循環

（1）　運動時の心拍数・心拍出量

　運動を開始するとエネルギー需要が増加し，多くの酸素を骨格筋に届けるため心拍数や心拍出量が増加する。心拍数は自律神経の調節を受け，興奮を司る交感神経の働きによって増加し，鎮静を司る副交感神経の働きによって減少する。運動強度が低い場合（50%$\dot{V}O_2$max以下）は副交感神経の抑制が低下することにより，運動強度が高い場合は交感神経が亢進することにより心拍数が増加する。運動中の心拍数は運動強度の増加に伴い直線的に増加するが（図6-10），どこまでも増加し続けるわけではない。心拍数の上限（最大心拍数：HRmax）は加齢に伴って低下することが知られており，簡易的に以下の式から求めることができる。

$$最大心拍数（HRmax） ＝ 220 － 年齢$$

　なお，この式で得られる値はあくまで予測値であり，実際の最大心拍数には大きな個人差があることに注意しなくてはならない。

　運動時の1回拍出量の増加の様相は，心拍数とは異なっている。運動

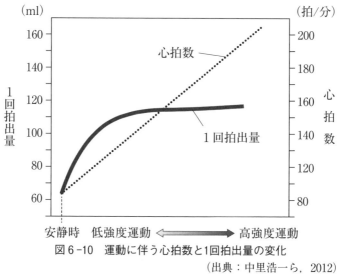

図6-10　運動に伴う心拍数と1回拍出量の変化

（出典：中里浩一ら，2012）

を開始すると1回拍出量は急激に増加するが，40〜50%$\dot{V}O_2$max 程度の運動強度になると変化が無くなり，一定の値を示す。つまり，運動時に見られる心拍出量の増加は，低〜中等度の運動強度の場合は心拍数と1回拍出量の増加によるものであるが，さらに運動強度が増加した場合には主に心拍数の増加によってもたらされる。

　心拍出量と酸素摂取量は，動脈血と静脈血に含まれる酸素の量の差（動静脈酸素較差：a-vO₂dif）を用いて以下の式で表される。

$$酸素摂取量（\dot{V}O_2）＝心拍出量（\dot{Q}）×動静脈酸素較差（a\text{-}vO_2dif）$$

　これをフィックの原理といい，心臓から送り出された酸素の量から心臓へ戻ってきた酸素の量を引いたものが，全身で消費された酸素の量であることを示している。心拍出量は心拍数と1回拍出量の積であるため，

上記の式は以下の式でも表すことができる。

$$酸素摂取量（\dot{V}O_2）＝心拍数（HR）×1回拍出量（SV）$$
$$×動静脈酸素較差（a\text{-}vO_2dif）$$

（2） 運動時の血圧

　運動の開始により血圧も上昇する。運動強度の増加に伴う血圧の上昇は，交感神経の興奮やアドレナリンの分泌が促進された結果，心拍出量が増加するためである。しかし，有酸素運動時と無酸素運動時，収縮期血圧と拡張期血圧とで変化の様相は異なる。

　有酸素運動中は，運動強度の増加に伴って収縮期血圧が上昇するのに対し，拡張期血圧はほとんど変化せず，むしろ低下する場合もある。これは，多くの酸素を届けるために血管が拡張して血液循環量が増加し，末梢血管抵抗が低下するためである。一方，筋力トレーニングなどの無酸素性運動では，収縮期血圧，拡張期血圧ともに上昇する。その上昇の程度は運動強度によって大きく異なり，低強度運動に比べ高強度運動を行ったほうが血圧の上昇が大きい。また，バーベルなどの負荷を持ち上げる際に呼吸を止めると筋緊張が起こり，より大きな筋力発揮が可能となるが，このとき血圧のさらなる上昇を伴う（バルサルバ効果）ため，注意が必要である。

（3） 運動時の血液配分

　運動時には，安静時に比べ身体各組織への血液配分が大きく変化する（図6-11）。安静時には，内臓に50％程度，骨格筋に20％程度，脳に15％程度の血液が送られているが，運動時には骨格筋の酸素需要が高まるため，血液配分率が80～85％程度にまで増加する。ただしこれは

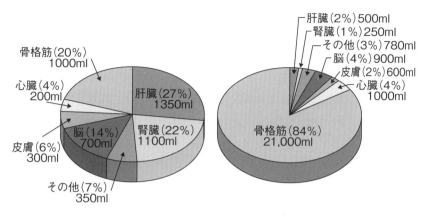

図6-11　安静時と運動時の血液配分
（出典：McArdle WD ら，2014より著者作図）

相対的な変化を示したものであり，運動時の血液循環量は安静時の5倍
程度に増加するため，運動時に骨格筋へ流入する絶対的な血液量は安静
時の20倍程度に達する。なお，心臓への血液配分率は安静時・運動時と
も約5％と変化が見られないが，絶対量は運動時に約5倍となる。一
方，脳では運動時に15％程度から5％程度と血液配分率が低下するが，
絶対的な血液量に大きな変化は生じない。

4. まとめ

　本章では，心臓や血管を中心とした循環器の構造と働き，および運動
に対する応答について述べた。呼吸によって取り込まれた酸素を身体各
組織に届け，二酸化炭素を受け取って肺に届ける役割を担う循環器は，
呼吸器とともに生命を維持するための最も基礎となる機能を担っている。
また，筋活動などにより高まった酸素需要に素早く対応し運動の遂行を
支える働きも備えており，全身的な身体能力の維持・向上にとって重要

である。

参考文献

1．内藤久士，柳谷登志雄，小林裕幸，髙澤祐治．パワーズ運動生理学 体力と競技力向上のための理論と応用（原書第10版），メディカル・サイエンス・インターナショナル，2020.

2．McArdle WD, Katch FI, Katch VL. *Exercise Physiology: Nutrition, Energy, and Human Performance*. LWW, 8th ed, 2014.

3．中里浩一，岡本孝信，須永美歌子．1から学ぶスポーツ生理学，ナップ，2012.

7 | 運動と環境

内丸　仁

《**目標とポイント**》　身体活動は様々な環境で行われている。運動やスポーツ活動においては，こうした外的な環境要因が大きく影響する。本章では，暑熱，寒冷，高地，および水中環境における運動時の生理応答や身体活動への影響について理解することを目的とする。

《**キーワード**》　暑熱，寒冷，低酸素，水中運動，体温，心拍数

1. 暑熱環境と運動

　運動中は体温が上昇するが，特に暑熱環境での運動は体温上昇が生じやすい。運動中は活動筋での産熱がなされる一方で，皮膚血管の拡張や発汗などによる放熱とで過度の体温上昇を防ぐために体温を調整するのみならず，発汗量を補う水分補給を適切に行う必要がある。また，暑熱環境での運動におけるリスクマネジメントの観点から熱中症について理解することも大切である。

（1）　暑熱環境下での運動と体温調節

　環境温度の上昇は運動中の体温の上昇をもたらす。図7-1に高温環境（30℃）と低温環境（15℃）での運動時の体温変化を示す。高温環境での直腸温，組織温（胸部および大腿部），および皮膚温（前額部）は，低温環境の体温と比べて安静から運動中を通して高く推移している。また，高温環境での運動では末梢血管の拡張により血圧が低下し，さらに，

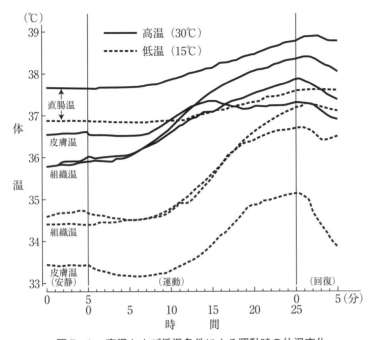

図7-1　高温および低温条件による運動時の体温変化

(出典：江橋ら，1980)

代謝が促進されるために体温も上昇し，心拍出量を確保するために心拍
数が上昇する（図7-2）。

　このように高温あるいは暑熱環境での運動時の過度の体温上昇を防ぐ
には，伝導（対流）と蒸散により熱を体外に放出する必要がある。まず
伝導では，体温が上昇して皮膚血管が拡張し皮膚血流量が増加すること
で，身体の深部から体表面へ熱移動が生じて皮膚温が高くなり，外気温
と皮膚温との温度差によって熱を放散する。外気温と皮膚温の温度差が
小さい場合などには，発汗による汗の気化熱を利用した蒸散で熱を放散
する。

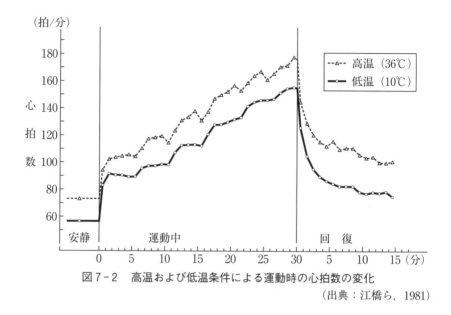

図7-2 高温および低温条件による運動時の心拍数の変化

(出典：江橋ら，1981)

（2） 熱中症

　気温が皮膚温を上回るような場合や，相対湿度が高くなった場合には，伝導や蒸散を十分行うことができなくなり，熱中症になる危険度が高くなる。熱中症は，気温と湿度の高い環境下で生じる健康障害の総称で，次のように分類される。

　①熱失神

　炎天下などの暑熱環境にさらされると，皮膚血管の拡張と下肢への血液貯溜（ちょりゅう）のため血圧の低下や脳血流の減少が起こり，めまいや失神などの症状がみられる。木陰など風通しが良く，涼しいところで足を高くして寝かせると大抵の場合は回復する。

　②熱痙攣（けいれん）

　大量の発汗により水のみ（あるいは塩分の少ない水）を摂取して血液

中のナトリウム濃度が低下した場合に生じる。痛みを伴う筋痙攣が見られる。塩分濃度の高い飲料の摂取や点滴で回復する。

③熱疲労

発汗による脱水と皮膚血管の拡張による循環不全の状態である。脱力感，倦怠感，めまい，頭痛や吐き気などの症状が見られる。スポーツドリンクなどで水分と塩分の補給をすることで回復する。嘔吐などにより水が飲めない場合には点滴などの医療処置が必要である。

④熱射病

過度に体温が上昇（40℃以上）して，脳機能に異常をきたし，運動障害，意識障害や体温調節が破綻した状態である。体温の高い状態が持続すると脳だけではなく，多臓器障害を併発し死亡率が高くなるため，いかに早く体温を下げて意識を回復させるかが予後を左右する。現場では救急車を要請し，同時に，速やかに水をかけたり，ぬれタオルを当てて風を扇ぐ，足の付け根など太い血管のある部分に氷やアイスバッグを当てるなどの冷却処置を行うことが重要である。

（3） 暑熱馴化と水分補給

暑熱環境下での運動や身体活動では，暑熱馴化や水分補給などにより運動能力の維持やリスクマネジメントを行うことは大切である。

図7-3は，10日間にわたって，毎日40℃の暑熱環境下で60%$\dot{V}O_2max$強度の自転車運動を疲労困憊まで行わせたときの食道温の変化と運動時間を示している。暑熱環境に徐々に適応して，運動時間は延長したが，疲労困憊に至るのは深部体温が約40℃に達した地点である。このことは，暑熱環境下での運動では過度の体温上昇を防ぐことが最も重要であることを示している。暑熱環境に対する身体の馴れ，つまりは，暑熱馴化は7〜14日で概ね心拍数の減少，血漿量の増加，主観的疲労度

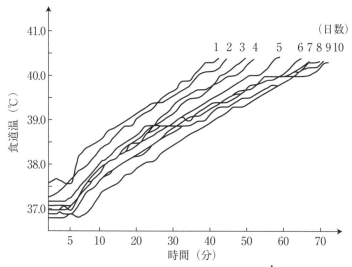

図 7 - 3　10日間の暑熱環境下（40℃）における60%$\dot{V}O_2$max 強度での疲労困憊に至るまでの運動時の食道温の変化と運動時間

（出典：Nielsen ら，1993）

　の減少，および，発汗率の増大などの生理学的な適応が起きるとしており，体温調節機能が改善されるようになる（図 7 - 4 ）。

　また，発汗により失われた体液量の補充は腎尿細管での水分再吸収や水分補給によって行われるが，水分補給は発汗量を補うために適切に行うことが重要である。一般的には，運動前に500mL，運動中は10〜15分間隔で 1 度に100〜200mL 摂取すると良いとされている。

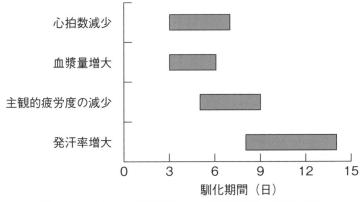

図7-4　連続した暑熱暴露による暑熱馴化に必要な日数
（出典：Powers SK ら，2012）

2. 寒冷環境と運動

　寒冷環境では，暑熱環境とは対称的に，体温，特に深部体温の保持が重要となる。前述したように体温の調節は産熱と放熱のバランスによりなされるが，加えて，手足の冷えやふるえ，そして，衣類の着用などの行動性の体温調節反応によりなされる。放熱が産熱を上回り体温が低下すると，その結果，運動を制限することにもつながる。

　寒冷環境では，皮膚血管収縮により皮膚血流量の減少をもたらし皮膚温の低下を引き起こす。これにより，体内から外部環境への熱の放散を減少させ体温を維持する。皮膚血流量の低下で体温を維持できない場合には，身体での熱産生は重要となり，骨格筋に「ふるえ」を引き起こし産熱量が増える。また，寒冷環境へ馴化すると，ノルエピネフリンの作用により脂肪が燃えて熱が産生される「非ふるえ熱産生」が生じて代謝量が亢進する。

　図 7-5 は様々な温度環境下での疲労困憊に至る運動時間と深部体温
（直腸温）の変化を示している。31℃の高温環境では直腸温が40℃に達
し，早く疲労困憊に至っているのに対し，11℃の寒冷環境では直腸温の
上昇は抑えられ，疲労困憊時間が最も長くなっている。一方，さらに低
い 4℃の寒冷環境では直腸温が最も低くなり，疲労困憊時間が11℃の寒

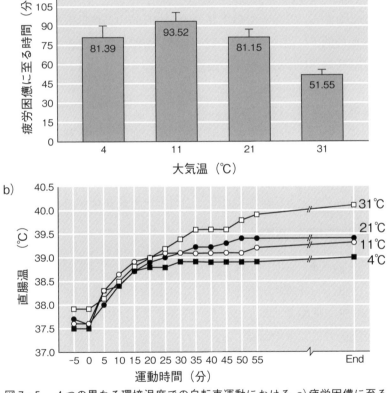

図 7-5　4 つの異なる環境温度での自転車運動における a)疲労困憊に至る
　　　時間と b)55分間の運動中の直腸温の変化
　　　　　　　　　（出典：Galloway and Maughan, 1997, 著者一部改変）

冷環境よりも短くなっている。

　このように，寒冷環境における運動時には過度の深部体温の上昇はみられない。なぜならば，運動による産熱を寒冷環境では効率よく放熱できるためである。また，寒冷環境では放熱のための皮膚血流量の増加が抑制されることから，静脈帰還血流量を増大させ1回拍出量の増加や心拍数の減少などが起こり，気温が5～10℃前後では運動を効率的に行うことが可能となる。

　しかしながら，寒冷下では筋温の低下から筋の粘性抵抗を高めることや，体温の低下に伴いヘモグロビンの酸素解離曲線が左方シフトすることで，骨格筋への十分な酸素の運搬ができなくなり，最大酸素摂取量や運動パフォーマンスの低下，さらにはスポーツ障害などを引き起こす可能性もある。また，放熱を防ぐための生体反応として，寒冷環境での運動初期においては末梢血管の収縮が起こり，血圧が上昇する可能性があるため，心臓血管系への負荷が大きくなることに注意しなければならない。このようなことから，寒冷環境下では保温性の高い衣類の着用やウオームアップを十分に行うことなどの対策が重要となる。

3. 高地環境と運動

　高地環境では，高度の上昇に伴って大気圧が低下，同時に酸素分圧も低下し，低圧・低酸素状態が高まっていく。この平地と比べて酸素分圧が低い状態を低酸素と呼んでいる。低酸素環境は体内における酸素運搬能や運動能力に大きく影響する。

（1）　高地環境での運動能力への影響
　高地環境，つまりは，低酸素環境は運動を制限する因子にもなり，高度の上昇にともなって最大酸素摂取量（$\dot{V}O_2max$）は指数関数的に減少

する（図7-6）。 特に, 1,500m 以上から1,000m 上昇するごとに $\dot{V}O_2max$ は約10％低下するとされている。例えば, 富士山頂（3,776m）では平地と比べて約20％の低下となり, さらにはエベレスト山頂（8,848m）では約60％の低下となる。このように, 高度の上昇によって $\dot{V}O_2max$ が低下する要因は, 主として, 低酸素による動脈血酸素飽和度（SaO_2）の減少によるものである。高地環境での SaO_2 の低下は, $\dot{V}O_2max$ の低下にも示す最大運動能力への影響のみならず, 私たちの日常における身体活動のような最大下運動時にも呼吸・循環機能に対してより大きな影響を与える。高地環境での運動中は, 低下した SaO_2 を補い全身の組織や器官に酸素を供給するために, 心拍数や分時換気量は平地と比べて増大する（図7-7）。

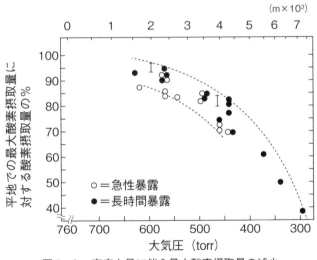

図7-6　高度上昇に伴う最大酸素摂取量の減少

（出典：浅野勝己, 1999）

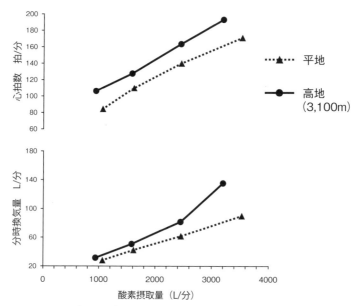

図7-7　平地および3,100m での運動中の心拍数，分時換気量と酸素
摂取量の関係　　　（出典：Grover ら，1967より著者作図）

（2）　高地トレーニング

　高地環境におけるトレーニング（高地トレーニング）は，1960年ロー
マ，および1964年東京オリンピックのマラソン種目で2連覇したアベ
ベ・ビキラ選手に代表する長距離種目での高地出身選手の活躍，さらに
は1968年の夏季オリンピックが高地のメキシコ・シティ（2,240m）で
開催することが決定したことから，1960年代以降に本格化して取り組ま
れている。現在も，競技力の向上をねらいとして，多くのアスリートが
実施している。

　高地トレーニングは，特に，有酸素性運動能力を高めるとして注目さ
れているが，その生理学的適応として，低酸素状態により刺激された腎

臓からエリスロポイエチン（EPO: erythropoietin）が分泌され，赤血球数やヘモグロビン濃度の増加，赤血球内の2,3-DPG（2,3-ジホスホグリセリン酸）の上昇とそれに伴う酸素解離曲線の右傾化，さらには，毛細血管網の発達，ミトコンドリアの増加，酸化系酵素活性の上昇，ミオグロビンの増加などによる酸素運搬・利用能力が高まるためであると考えられている。

　また，その他にもエネルギーとしての脂肪酸の動員促進によるグリコーゲンのスペアリング，骨格筋における筋緩衝能の向上，乳酸閾値の上昇などが作用し，無酸素性運動能力や筋力・筋パワーの改善にも効果があるとされている。

　しかしながら，高地トレーニングによって必ずしも望ましい効果が得られるわけではない。その背景には，高地トレーニングでは平地でのトレーニングと同等のトレーニングの質と量を確保することが困難となることや，高地環境での水分損失による血液粘性の上昇や血漿量の低下に伴う心拍出量の低下，高山病の発症などによりトレーニング効果を損ねる可能性などがある。そこで，高地に滞在しながら低地でトレーニングを行う Living High, Training Low という高地トレーニング方法が提唱され，さらに，常圧の低酸素室を開発し，平地にある低酸素室に居住しトレーニングをすることが提案され，多くの選手がこの方法での高地トレーニングに取り組んでいる。

　このように，自然の高地環境，あるいは低酸素室を利用してなど，様々な組み合わせや方法で，より効果的な高地トレーニングを求めて実施されている。さらに，健康維持・増進や登山前の馴化トレーニングなどに対する効果も示されている。一方で，高地トレーニングに対する個人差など不明な点も多く，実際の活用に当たっては慎重な取り組みが必要となる。

4. 水中環境と運動

　水は熱伝導率が高く，体温よりも低い水温となるため，水に入っているだけで身体より熱が放散する。図7-8は様々な水温での体温低下を示しているが，水温の低下に伴い直腸温が低下し，水温24℃以下では直腸温は急激に低下する。また，水中での運動は身体を動かすことにより対流による熱放散が生じて安静時よりも熱損失が大きくなる。

（1）　水中環境での運動と生理応答

　水中では水位が高いほど水圧が高まり，下肢や腹部の静脈が圧迫されて，静脈帰還血流量が増大する。したがって，1回拍出量が増加し，心

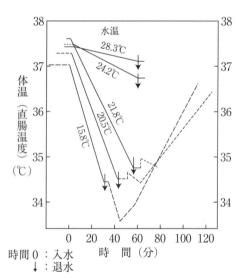

図7-8　水温と体温の低下する時間との関係

（出典：Pugh ら，1955）

拍数が減少する。図7－9は，陸上運動と水中運動における酸素摂取量
と心拍数の関係を比較して示したものである。前述したように水中では
水圧の影響により静脈帰還血流量が増加すること，他にも陸上と比べて
重力がかからないことや横体の姿勢などにより心臓への負担が少ないこ
と，寒冷刺激により体温の上昇が少ないことなどから，陸上と同じエネ
ルギー需要量の運動が水中では低い心拍数で行うことができる。また，
水中での運動時の心拍数，酸素摂取量および換気量などは水温による影
響を受け，25℃以下では低値となるが，30℃以上の水温では酸素摂取量
と心拍数の関係は大気中での運動と同等となる（図7-10）。

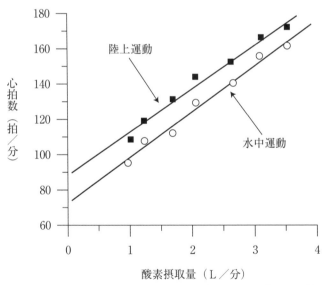

図7-9　陸上運動と水中運動時の酸素摂取量—心拍数の関係
（出典：Wilmore と Costill，1994）

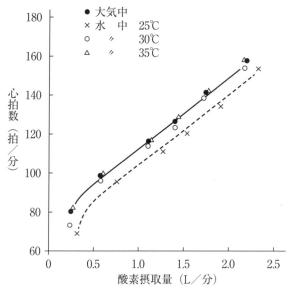

図7-10　異なる水温下での浸水中の酸素摂取量—心拍
　　　　数関係　　　　（出典：Craig と Dvorak, 1969）

（2）　高圧環境と運動

　水中運動は，水泳や水中歩行の他にも，フィン，マスクやシュノーケ
ルなどを使用して顔を水に浸した状態での水泳や潜水など様々な形での
運動があるが，中でも，水中の高圧環境下での運動・スポーツとして代
表的なのが潜水やスキューバダイビングである。

　海洋など水面上では1気圧であるが，水中は自然の高圧環境であり，
水深10m ごとに水圧が1気圧ずつ増加し，水深30m では4気圧の圧力
により肺体積は水面0mの1/4に圧縮される。一般的に潜水はおよそ
30秒〜1分であり，潜水中に動脈血中の二酸化炭素分圧が高まり，酸素
分圧が低下することで息苦しさを感じ水面まで上昇して呼吸をする。一
方で水圧の上昇により肺胞内の圧力が上がるため，ヘンリーの法則に基

づいて，より多くの気体が血液中に溶け込んでいく。そのため，潜水中に窒素が血液中に溶け込むことで窒素酔いを引き起こす可能性がある。対策として，浅瀬などでしばらく泳ぐことで肺から窒素を排出したり，潜水限度を制限したりすることで回避できる。

　また，潜水から急浮上すると，血液に溶け込んでいた空気が肺で気化するため急激に肺が膨張する。その肺の膨張速度に対して組織が耐えられず肺が損傷し，気胞が血液中に出たり，血栓を引き起こすことがある。水中から水面に浮上するときはできるだけゆっくりとふつうに呼吸しながら上昇することが対策となる。

5. 大気汚染と運動

　大気中の様々なガスや汚染物質の微粒子，そして，スモッグに代表されるような大気汚染は，健康や運動パフォーマンスには不利益となる。大気汚染が人体に与える影響は，汚染物質の種類，濃度，そして曝露時間などにより左右されるが，生活環境の中では呼吸器疾患を増加させ，大気汚染下にさらされている労働者においては，健常者と比べて運動や作業中の心電図異常，血圧の上昇，酸素運搬能力の低下の割合が多くなっている。

　大気汚染物質の一つである硫黄酸化物に亜硫酸ガスがある。亜硫酸ガスは慢性気管支炎や気管支喘息を引き起こし，健康問題が生じる。また，喫煙をはじめ，化石燃料，石炭，ガソリン，木材などを燃やすことによって発生する一酸化炭素は，血液中のヘモグロビンとの親和性が酸素よりも非常に高く，一酸化炭素ヘモグロビン（COHb）となり酸素運搬能力を低下させる。これは，$\dot{V}O_2max$ や運動能力の低下を引き起こすことになる。

　図7-11は，血液中の COHb 濃度と $\dot{V}O_2max$ の関係を示す。血液中

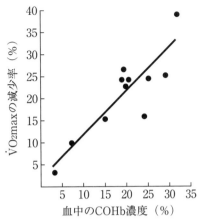

図7-11　血中一酸化炭素濃度が最大酸素摂取量へ及ぼす影響
（出典：Raven ら，1974）

の COHb 濃度が1％増加するごとに $\dot{V}O_2max$ も1％低下することを示している。大気汚染環境下では，健康の阻害や運動能力が制限されることは明らかであり，大気汚染のモニタリングが重要となる。

参考文献

1．江橋博，柴山秀太郎，西島洋子，松沢真知子．運動時の組織温変化から見た環境温度にともなう体温調節．体力研究，47：23-41，1980．
2．江橋博，柴山秀太郎，西島洋子，松沢真知子．環境温度が運動時の網膜血管径変化に及ぼす影響．体力研究，50：1-19，1981．
3．公益財団法人日本スポーツ協会．スポーツ活動中の熱中症予防ガイドブック，2013．
4．Nielsen, B., et al., Human circulatory and thermoregulatory adaptations with heat acclimation and exercise in a hot, dry environment. *J Physiol*, 460: 467-485, 1993.

5. Powers SK, Howley ET. Chapter 12 Temperature Regulation. *Exercise Physiology: Theory and Application to Fitness and Performance* 8th edition, 260-280, 2012.

6. Galloway, S.D. and R.J. Maughan. Effects of ambient temperature on the capacity to perform prolonged cycle exercise in man. *Med Sci Sports Exerc*, 29 (9): 1240-1249, 1997.

7. Ferretti, G. Cold and muscle performance. *Int J Sports Med*, 13 Suppl 1: S185-187, 1992.

8. 浅野勝己. 高所トレーニングの生理的意義と最近の動向. 臨床スポーツ医学, 16：505-516, 1999.

9. Grover, R.F., et al. Muscular exercise in young men native to 3,100m altitude. *J Appl Physiol*, 22(3): 555-564, 1967.

10. 青木純一郎, 佐藤祐, 村岡功編著. 第6章 高地トレーニングの生理学. スポーツ生理学 (第2版), 市村出版, 2006.

11. Levine, B.D. and J. Stray-Gundersen, "Living high-training low": effect of moderate-altitude acclimatization with low-altitude training on performance. *J Appl Physiol* (1985), 83(1): 102-112, 1997.

12. Rusko, H.R., New aspects of altitude training. *Am J Sports Med*, 24(6 Suppl): S48-52, 1996.

13. Pugh, L.G.C.a.E., O.G. The physiology of channel swimmer. *Lancet*, 2: 761-768, 1995.

14. Wilmore, J.H. a. Costill, D.L. Physiology of Sport and Exercise, 281, 1994.

15. Craig, A.B. and Dvorak, M. Comparison of exercise in air and in water of different temperatures. *Med. Sci. Sports*, 1: 124-130, 1969.

16. Raven, P.B., et al. Effect of carbon monoxide and peroxyacetyl nitrate on man's maximal aerobic capacity. *J Appl Physiol*, 36(3): 288-293, 1974.

8 | トレーニングの計画と実際 1

内丸 仁

《**目標とポイント**》 健康の維持・増進や競技力の向上などの様々な目的に応じてトレーニングは実施されているが，ここでは，体力を高めるためのトレーニングについて計画・実施する際の考慮すべき重要な原理と原則，運動プログラム構成，そして，トレーニングの効果をより高めるために必要な栄養や休養について理解する。

《**キーワード**》 トレーニングの原理・原則，運動の種目・強度・時間・頻度，超回復

1. トレーニングとは

　「トレーニング（training）」とは「訓練する，鍛錬する」という意味であり，体育・スポーツの分野では「精神的な要素も含めて身体を鍛えること」がトレーニングに該当すると考えられ，単発的な運動（エクササイズ）ではなく，目的に合わせた運動を継続的に繰り返すことによって体力を高める，もしくはその過程のことである。

　私たちの身体は，運動という刺激によって変化が生じ，それを繰り返すことで適応し，身体的機能や体力を高めることが可能となる。例えば，継続的にランニングをしていると同じスピード（強度）で走っても以前より楽に感じたり，筋力トレーニングを継続するとそれまで挙げることのできなかった重量が挙上できるようになるといった成果が得られる。

2. トレーニングの原理・原則

　実際にトレーニングを計画・実施して，トレーニングの目的に到達するためには，考慮すべき3つの基本的法則（原理）と5つの原則がある。

（1）　トレーニングの原理

　効果的にトレーニングを実施するには，過負荷，可逆性，及び特異性の3つの原理を理解する必要がある（表8-1）。

表8-1　トレーニングの原理

```
┌─────────────────────────────────────────┐
│ │過負荷（オーバーロード）の原理│          │
│   日常の生活レベル以上の負荷をかける      │
│ │可逆性の原理│                            │
│   トレーニングを継続して行う。中断すると元に戻る │
│ │特異性の原理│                            │
│   運動の内容に応じたトレーニング効果が得られる │
└─────────────────────────────────────────┘
```

1）過負荷（オーバーロード）の原理

　日常生活や活動において，身体に適応が生じ，機能的にも変化を獲得するためには，日常レベルよりも強い刺激（過負荷；オーバーロード）を課さなければ適応や変化は起きない。トレーニングの効果を獲得するためにも，「日常の生活レベルで発揮している以上」のある一定以上の強さ（トレーニング強度）でトレーニングを行わなければならない。もし，そのトレーニング強度がそれ以下であればトレーニング効果は期待できない。また，トレーニングを継続して行うとトレーニング効果が得られるが，同じトレーニングを続けてもそれ以上の効果は期待できない。

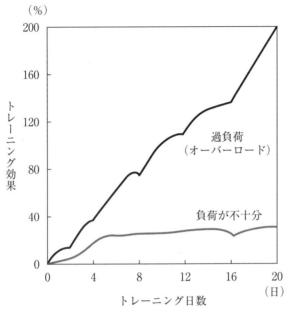

図 8-1 過負荷の原理とトレーニング効果
（出典：Mathews DK & Fox EL, 1976）

そのため，一定期間トレーニングを継続したらトレーニング強度などを漸増していくことが必要となる（図 8-1 ）。

2）可逆性の原理

　トレーニングにより高められた体力や身体適応は，トレーニングを中断すると負の適応が生じて元に戻ってしまう（図 8-2）。したがって，トレーニング効果を持続するにはトレーニングを規則的に継続して行う必要がある。なお，元に戻るまでの期間はその効果が得られるまでに要した期間によって異なるとされている。つまり，短期間で得られた効果はトレーニング中断後に短期間で元に戻るが，長期間かけて得られた効

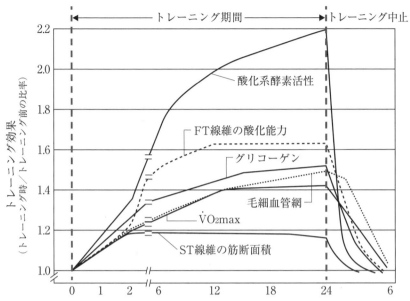

図8-2　持久的トレーニング中の各身体機能の増大とトレーニング中断による低下
（出典：Saltin ら，1977，著者一部改変）

果は，いずれ元に戻るが，長期間にわたって維持されるといわれている。

3）特異性の原理

　例えば，筋力トレーニングは筋力や筋パワーを増大させるが，全身持久力の向上に関しては効果的ではない。逆に，有酸素トレーニングは全身持久力を向上させるが，筋力や筋パワーの増強にはそれほどの効果は得られない。つまりは，トレーニング効果は実施した内容をより反映し，トレーニングの種類や方法に対して，そして，様々な活動様式に依存して特異的である。したがって，トレーニングの目的に対して，各競技種目に則した活動様式や筋の活動様式などを考慮し，適切なトレーニング

の種類や方法を選択することが必要となる。また，ある筋の活動様式や収縮速度での筋力トレーニングを行った場合では，用いた様式や速度に対しては効果的でも，それ以外の様式や速度に対してはそれほどの効果は得られない可能性もある点に留意する必要がある。

（2）　トレーニングの原則

　3つのトレーニングの原理に加えて5つの原則を理解し，トレーニングを計画し実践する必要がある（表8-2）。

表8-2　トレーニングの原則

全面性	偏りなく体力の諸要素を高め，運動種目ごとの専門体力をバランスよく向上させる
意識性	トレーニングの目的や意味を理解し，よく自覚（意識）しながら自ら行うよう方向づける
漸進性	トレーニングにより体力が向上するにしたがって，トレーニングの負荷も漸進的に増やしていく
反復性	トレーニングの効果を上げ体力を向上させるためには，繰り返しコツコツと継続する
個別性	体力の個人差を考慮し，目的，年齢，性別，強度，時間などに応じて負荷を与える

1）全面性の原則

　トレーニングではある特定の体力要素に偏ることなく，身体的および精神的な要素を含めてバランス良く高めることが必要である。トレーニングによって向上する体力要素は多様であり，運動・スポーツ種目の特異性を考慮して，より重要な体力要素の向上に取り組むことは効果的である。しかしながら，トレーニング内容が特定の体力要素だけに偏ることのないように体力要素全般にわたってトレーニングできるように配慮

する必要がある。その結果，運動やスポーツに必要な体力の諸要素や全身の身体諸機能が高められるようになる。

2）意識性の原則

　トレーニングは強制されるのではなく，トレーニングを実施する本人が，運動や体力の向上，健康の維持・増進などに関する情報をしっかりと持ち，明確な目的のもとに自覚を持って積極的に運動を行うかどうかで，得られる効果に大きな差が出る。高い意識を持ち，目的に合ったトレーニングを適切に行うことで効果も高まるであろう。

3）漸進性の原則

　トレーニングで用いる運動負荷（強度，時間，頻度）を徐々に高めていくことが必要である。過負荷の原理のところでも述べたが，トレーニングを継続すると体力や技術の向上が見られ，これまでのトレーニング負荷が十分な過負荷とはならなくなり，それ以上の効果が見られなくなる。このような場合には，運動の負荷を段階的に増やすことが必要となる。

4）反復性の原則

　トレーニング効果は 1 回の運動や短期間で容易に得られるものではない。健康・体力の向上やトレーニングに伴う機能の改善や安定性など，一定の効果を得るためには運動を反復し継続して長期間行う必要がある。条件によって違いはあるが，体力の向上には 4 〜 6 週間を必要とする。

5）個別性の原則

　人はそれぞれ個性や特徴および能力を有し，体力には個人差がある。

個人のトレーニングに対する経験も様々であり，同じ運動を行っても効果や安全性が異なる。対象者の体力水準だけではなく，性，年齢，健康状態，生活環境，性格，運動習慣など，個人の特性や能力に応じた適切なトレーニング強度を設定することが必要である。

3. 運動プログラムの構成要素

　実際のトレーニングでは，トレーニング方法（運動種目），運動強度，運動時間，運動頻度の4つの構成要素を設定し，体力測定や運動負荷試験の結果，トレーニング目標，日常の生活の様子，健康状態などを考慮して運動プログラムを作成する。

（1）　運動種目

　運動の種目は，トレーニングによって体力要素の何を改善し，高めたいのかといったトレーニングの目的に応じて適切に設定する必要がある。トレーニングには，有酸素トレーニング，ストレングストレーニング，柔軟性のトレーニングなどがあるが，さらに各トレーニングでは複数の運動種目がある。

　例えば，全身持久力を高めるために有酸素トレーニングを実施するが，有酸素トレーニングにもウォーキング，ジョギング，ランニング，水泳，水中歩行，サイクリングなどの運動種目が選択できる。そのため，対象者の体力や健康状態，運動習慣などを考慮して，安全で適切な運動種目の設定が必要となる。

（2）　運動強度と運動時間

　トレーニング効果を安全かつ確実に得るためには，運動強度を適切に設定することが大切である。この運動強度は物理的，主観的，そして生

理的強度として設定することが可能であるが，重要なのはこれらの運動強度が対象者個人の運動能力に対してどのくらいの強度となるのかということである。対象者個人に対する運動強度を相対的強度として示すことができ，これは最大運動能力を100としたときの百分率（%）で示す。

　運動の相対的強度の指標は，最大酸素摂取量（$\dot{V}O_2max$）からの相対的強度の%$\dot{V}O_2max$ が代表的である。また，%$\dot{V}O_2max$ と心拍数との間には高い相関関係があることから，心拍数が最も頻繁に利用される指標である。正確に評価するためには実験室などで運動負荷テストを行って「酸素摂取量—心拍数関係」を把握する必要があるが，簡便な方法として年齢から推定した最大心拍数からの相対的強度を目標心拍数として求めるカルボーネン法（%HRreserve）や最大心拍数法（%HRmax）がよく用いられる（表8-3）。

　また，主観的（自覚的）運動強度（RPE：rating of perceived exertion）（表8-4）がある。これは，対象者が運動中に感じる運動強度を数字で示すものであり，利便性も高い。成人では，心拍数はおよそ安静時心拍数（60拍／分）〜最大心拍数（200拍／分）となり，これに対応して安静時「6」〜最大努力（疲労困憊時）「20」までの15段階のスケールが設定され，感覚を表現する言葉とともに示されている。

　次に，運動強度に加えて時間的要素は，トレーニングの目的やトレーニング刺激を変化させ，結果としてトレーニング効果に大きく影響する。例えば，トレーニングではある一定時間運動を継続することでトレーニング効果を得ることができる。しかしながら，運動時間が短すぎたり，長すぎたりすると，トレーニング効果を十分に獲得することができないだけではなく，疲労の蓄積や目標とするトレーニングが達成できなかったり，逆効果となってしまう可能性もある。

表8-3 目標心拍数の計算

カルボーネン法

公式：①年齢から推定する最大心拍数＝220－年齢
②予備心拍数＝最大心拍数－安静時心拍数
③目標心拍数＝（予備心拍数×運動強度）＋安静時心拍数

例：30歳の競技者，安静時心拍数が60拍／分で機能的能力の60〜70％の運動強度で行うとき
①最大心拍数＝220－30＝190拍／分
　安静時心拍数＝60拍／分
②予備心拍数＝190－60＝130拍／分

目標心拍数の範囲
③最低値＝（130×0.60）＋60＝78＋60＝<u>138拍／分</u>
③最高値＝（130×0.70）＋60＝91＋60＝<u>151拍／分</u>

＊運動時の心拍数をモニターするときは，目標心拍数を6で割ってその値と10秒間の心拍数と見比べれば良い
　　　　138÷6＝23　　　151÷6＝25
　　　　<u>この競技者の目標心拍数の範囲は10秒間で23〜25拍である</u>

％最大心拍数法

公式：①年齢から推定する最大心拍数＝220－年齢
②目標心拍数＝最大心拍数×運動強度

例：20歳の競技者，最大心拍数の70〜85％の運動強度で運動を行うとき
①最大心拍数＝220－20＝200拍／分

目標心拍数の範囲
②最低値＝200×0.70＝<u>140拍／分</u>
②最高値＝200×0.85＝<u>170拍／分</u>

＊運動時の心拍数をモニターするときは，目標心拍数を6で割ってその値と10秒間の心拍数と見比べれば良い
　　　　140÷6＝23　　　170÷6＝28
　　　　<u>この競技者の目標心拍数の範囲は10秒間で23〜28拍である</u>

（出典：石井直方総監修．ストレングストレーニング＆コンディショニング日本語版，ブックハウスエイチディ，535-550，2002　著者一部改変）

表8-4　主観的（自覚的）運動強度
RPE（rating of perceived exertion）

20	
19	非常にきつい
18	
17	かなりきつい
16	
15	きつい
14	
13	ややきつい
12	
11	楽である
10	
9	かなり楽である
8	
7	非常に楽である
6	

（出典：小野寺・宮下，1976）

（3）　運動の頻度

　一般的な体力の向上を考えた場合には，少なくとも週3回のトレーニングが必要である。一方，競技者の場合には，基本的には週5〜6日はトレーニングを継続していると考えられるが，複数の運動種目を組み合わせることや部位別に分けてトレーニングすること，高強度・長時間などの運動であればトレーニング頻度は少なくし，疲労の回復に十分な時間をとることなど工夫が必要である。

4.　加齢とトレーニング

　加齢に伴う身体機能の低下は，同時に体力低下を引き起こし，成人（20歳）をピークに徐々に低下する。これは，身体活動量の減少などの不活動状態に陥り，筋活動や機能低下，心臓血管系などの機能低下など

のさらなる悪循環を引き起こすと考えられる。したがって，継続的な身体活動の維持あるいはトレーニングは，自立した日常生活のためには極めて重要となる。

　長期にわたる有酸素トレーニングは，加齢にかかわらず呼吸筋機能の

（a）　青　年

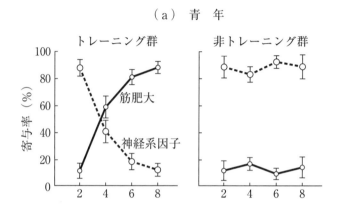

（b）　高齢者

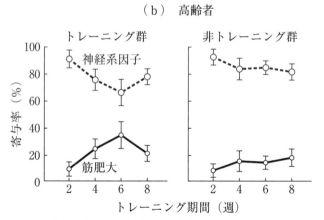

図8-3　青年と高齢者における筋力トレーニングの効果の違い
（出典：Moritani と deVries，1980）

改善が生じ，分時換気量や酸素摂取量が高められ，若齢者とほぼ同等の
トレーナビリティであることも示されている。他にも，肥満，高血圧や
動脈硬化などの疾患を予防するうえでも大切である。また，高齢者の筋
力トレーニングは，成人同様にトレーニングが進むにつれて筋力が増大
し筋機能を改善するが，その程度やメカニズムには違いがある。青年の
トレーニング初期に見られる筋力の増加には神経系因子の寄与度が高く，
トレーニング後期には筋肥大が認められ，より筋力が増大する。一方，
高齢者ではトレーニング期間を通して神経系因子の寄与度が高いまま推
移し，トレーニングによる筋肥大がほとんど認められなかったとしてい
る（図8-3）。

5.　トレーニング効果を高める休養と栄養

　トレーニングではエネルギーを消耗し，疲労をともなって身体能力が
低下する。しかしながら，適切な休養と栄養摂取がなされれば，トレー
ニング前よりもわずかに高い身体能力のレベルまで高まる。このことを
超回復（super-compensation）と呼んでいる（図8-4）。この一連の変
化からもわかるように，パターンⅠは超回復が消失してから次のトレー
ニング負荷がかかり，漸増的な能力の向上が起きない。パターンⅡは疲
労の回復が不十分な状態で次のトレーニング負荷がかかり，疲労の蓄積
（オーバートレーニング）が進んでいく。パターンⅢはトレーニング負
荷と回復のバランスが良く，漸進的な能力の向上が認められる。このこ
とからも，トレーニング効果が獲得されるのはトレーニング中ではなく
休養中となる。

（1）　休養の実際
　休養の手段として代表的なものは，まず睡眠が挙げられる。睡眠中は

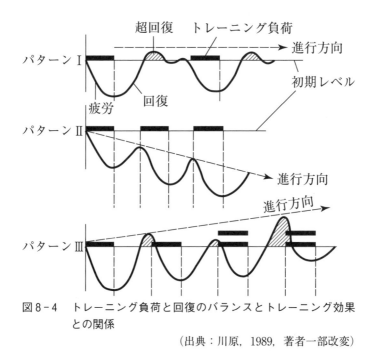

図8-4　トレーニング負荷と回復のバランスとトレーニング効果
　　　　との関係

（出典：川原, 1989, 著者一部改変）

ストレスが少ない状態であり，同時にトレーニング効果の獲得には欠か
すことのできないホルモンの分泌がなされる。睡眠初期において成長ホ
ルモンが分泌され，成長に必要なタンパク質の同化を促し，1日の総分
泌量の約70％が睡眠時に分泌されている。睡眠のリズムが乱れると休養
の効果が薄れることになる。

　その他の手段として，入浴，ストレッチ体操，マッサージなどが挙げ
られるが，受動的な休養だけではなく，積極的休養として軽い身体運動
を行うことによって身体的疲労だけではなく精神的な疲労からも回復を
促進する効果がある。

（2）　栄養の実際

　トレーニングでは，運動の原動力となるエネルギー源，特に糖質が消耗する。したがって，トレーニング後は消耗した糖質を速やかに補うことが大切である。また，発汗による体内のミネラルバランスが崩れることからビタミンやミネラルの補充も必要となる。

　スポーツにおける栄養の主な役割は，エネルギーの供給，エネルギー産生反応の円滑化，筋肥大・骨格の強化，身体機能の調整である。一般人も競技者も，まずは栄養バランスの良い食生活が健康や体調管理の基本となることを忘れてはならない。

参考文献

1．Mathews, D.K. a. Fox, E.L. *The physiological basis of physical education and athletics,* 1976.
2．Saltin, B., et al. Fiber types and metabolic potentials of skeletal muscles in sedentary man and endurance runners, *Ann N Y Acad Sci,* 301: 3-29, 1977.
3．石井直方総監修. ストレングストレーニング&コンディショニング日本語版，ブックハウスエイチディ，535-550, 2002.
4．小野寺孝一，宮下充正. 全身持久性運動における主観的強度と客観的強度の対応―Rating of Perceived Exertion との観点から―，体育学研究，21: 191-203, 1976.
5．辻哲也，里宇明元. 老化と廃用：総論. 総合リハビリテーション，34: 623-628, 2006.
6．Moritani, T. & H.A. deVries. Potential for gross muscle hypertrophy in older men. *J Gerontol,* 35(5): 672-682, 1980.
7．川原貴. オーバートレーニング，スポーツ医学 Q&A（2）（黒田善雄，中嶋寛之編），金原出版，264-268, 1989.
8．Redwine, L., et al. Effects of sleep and sleep deprivation on interleukin-6, growth hormone, cortisol, and melatonin levels in humans. *J Clin Endocrinol Metab,* 85(10): 3597-3603, 2000.

9 | トレーニングの計画と実際 2

内丸 仁

《目標＆ポイント》 トレーニングの原理・原則や運動プログラムの構成要素を理解して，健康の維持・増進から競技力の向上に至るまで幅広く活用されているレジスタンストレーニング，有酸素トレーニング，柔軟性の運動の各種トレーニング，そして，運動・スポーツの安全で効果的な実施には欠かすことのできないウオームアップとクールダウンの生理学的意義や効果について理解する。

《キーワード》 レジスタンストレーニング，有酸素性トレーニング，ストレッチ，ウオームアップ，クールダウン

1. トレーニングの種類と方法

　前章の「トレーニングの計画と実際1」では，トレーニングを計画・実施する上で必要な知識として，トレーニングの原理・原則や構成要素について記述している。それらの基本を踏まえて，体力要素，特に「健康に密接に関連する体力」である「筋力」，「全身持久力」，および「柔軟性」の維持・改善のための各種トレーニングの実際，そして，運動やトレーニング時に必要不可欠なウオームアップとクールダウンの生理学的な意義や効果を理解して，安全で効果的なトレーニングを計画・実施する必要がある。

2. レジスタンストレーニング

　レジスタンストレーニングは，筋に負荷や抵抗を与えて筋力，筋パ

ワー，および筋持久力を向上させるが，それぞれに適した負荷（強度），反復回数，セット数を用いて行わなければならない。レジスタンストレーニングは，アスリートだけではなく，健康・体力づくりや疾病の予防などが目的の一般の人にも幅広く実施されている。

（1）　トレーニングの種類

　自体重（自分の体重），チューブ，ダンベル，トレーニングマシン，フリーウェイトなどによって負荷をかけ，また筋の収縮（活動）様式によって，等尺性収縮でのアイソメトリックトレーニング（静的なトレーニング），等張性収縮でのアイソトニックトレーニング，および，等速性収縮でのアイソキネティックトレーニング（動的なトレーニング）に分類できる。しかし，トレーニングでは正しい姿勢・フォームであること，使用する機器や負荷の設定などの方法が適切に処方されなければ，トレーニング効果が期待できないだけではなく，けがなどを引き起こす可能性もある。

　レジスタンストレーニングは複数の筋群や関節の動きを組み合わせた運動であるので，全身の複数の筋群を鍛えるのがよい。また，拮抗する筋のバランスが悪くなると，けがにつながることもあるため，腹部と背部（腹筋と背筋），太もも前面と後面（大腿四頭筋とハムストリング）といったように，両方をバランス良くトレーニングするのが好ましい。

　体力の低い人や運動をあまりしていない対象者は，自体重を負荷としてトレーニングすることから始めるのがよく，高齢者などは器具を使わない徒手抵抗でも十分な負荷とすることができる。

（2）　トレーニング部位の順序

　レジスタンストレーニングでは，複数の筋群が対象となるために，疲

労の少ない状態で大筋群から小筋群の順序で行うことで，効率よくトレーニング効果を得ることができる。例えば，上半身では胸部や背部から上腕および前腕部，そして，下半身では臀部や大腿部から下腿部といった順序になる。

（3） トレーニング強度

　静的なトレーニングでは，表9-1に示すように，数パターンの力発揮強度と持続時間の組み合わせにより，1回のトレーニングで2～3セット行うことで筋力を高める効果がある。例えば，40～50％強度では45～60秒間にわたって力発揮を持続し，80～90％強度の場合には12～18秒間の力発揮となる。

表9-1　静的トレーニングにおける強度と運動時間

運動強度 （最大筋力に対する％）	運動時間 （収縮持続時間，秒）	
	最低限度	適正限度
40～50	15～20	45～60
60～70	6～10	18～30
80～90	4～6	12～18
100	2～3	6～10

（出典：Hettinger, 1961）

　一方，動的なトレーニングでは，負荷強度と反復回数を考慮して行う必要がある。一般的にはそれぞれのトレーニング種目での1回の最大挙上重量（1RM：1回挙上できる最大重量）に対する割合（％1RM）に基づいて負荷を決定する。しかしながら，この方法は種目に十分慣れておく必要があるために，最大ではなく最大下の負荷を用いて正確な動

表 9-2　最高反復回数と％ 1 RM

最高反復回数（RM）	1	2	3	4	5	6	7	8	9	10	12	15
％ 1 RM	100	95	93	90	87	85	83	80	77	75	67	65

（出典：金久博昭，2010を基に著者作表）

作での反復が不可能になるまでの反復回数を把握する方法（RM）が用いられ，％ 1 RM と RM との間には表 9-2 のような対応関係が見られる。例えば，最高反復回数が10回の場合は，％ 1 RM は75％となる。

（4）　トレーニングの反復回数とセット数

　レジスタンストレーニングで狙いとする効果や目標を踏まえて負荷，反復回数およびセット数，そして休息時間を表 9-3 のようにして行う必要がある。例えば，おおよそ85％以上の負荷で反復回数が 1 ～ 6 回（強度に合わせて100％なら 1 回，85％では 6 回）を 2 ～ 6 セット行うことで筋力の向上が期待できる。パワーの向上のためには，一瞬にして

表 9-3　レジスタンストレーニング目標に基づく条件設定

	負荷（％ 1 RM）	目標回数	セット	休息時間
筋力	≧85	≦6	2～6	2～5分
パワー				
1 回の最大努力	80～90	1～2	3～5	2～5分
複数の最大努力	75～85	3～5	3～5	
筋肥大	67～85	6～12	3～6	30～90秒
筋持久力	≦67	≧12	2～3	≦30秒

（出典：金久博昭，2010を基に著者作表）

力を発揮するような単発型パワーは80〜90％1RMを用いて1〜2回，3〜5セットが推奨され，連続的な最大パワー発揮が求められるような場合には75〜85％1RMを3〜5回，3〜5セット用いることになる。

　筋肥大を目標とする場合には67〜85％1RMの負荷で6〜12回の目標回数を設定する。筋力向上の場合よりも休息時間は30〜90秒と筋力・筋パワーでの2〜5分よりも短めである。完全な回復の前に次のセットを行うことで，筋タンパク合成を促す成長ホルモンの分泌を高めることにつながる。

　筋持久力を目標とする場合には67％1RM以下の負荷で反復回数を増やし（12回以上），セット数も2〜3セットと少ない設定で行う。

（5）　トレーニング頻度

　大筋群をそれぞれ週2〜3回，同じ筋群については42〜72時間空けて行うとよい。この間に適切な栄養と休養がとれていれば，筋はトレーニング前より高い水準に回復する（超回復）。対象者の体力や生活パターンなどに合わせて，1回にすべての筋群を行う方法か，隔日で上半身と下半身に分けて行う方法などいずれかの方法で行うと良い。

3. 有酸素トレーニング

　有酸素運動は全身の大きな骨格筋群を使って，最大下の強度で持続的に心拍数や酸素摂取量を一定のレベルに保ちながら行う運動であり，多くのエネルギーを消費すること，呼吸循環器系に対して負荷をかけるため，適切に処方した有酸素運動を継続することで，心肺機能が向上し，競技力の向上，健康増進，疾病の予防などにつながる。

（1） 運動の様式

歩行，ランニング，自転車，水泳など，様々な運動様式より対象者の体力や健康状態などに適した運動を選択することが望ましい。

（2） 運動の頻度

健康・体力の維持と改善を目的とする場合には，中等度の有酸素運動を少なくとも週5日，高強度の運動では週3日程度，あるいは両者の組み合わせを週3～5日行うことが推奨されている。あまり運動を実施していない対象者の場合には，週1～2日の運動を行うだけでも心肺機能の改善が見られることもある。高強度運動で週5日を超えるような場合には，障害の発生が高まる可能性があるため，あまり推奨できない。また，高強度・長時間の有酸素運動を行う場合には，疲労などの回復を促す必要があり，体力レベルの低い対象者の場合には回復により多くの時間を要するかもしれない。

（3） 運動の時間と強度

トレーニングに要する運動の時間は運動の強度に影響を受ける。つまりは，低強度の運動は長時間行うことができるが，高強度の運動では短時間で疲労に至る。図9-1は歩行とランニングによる運動強度と時間の組み合わせを示す。例えば，60％$\dot{V}O_2max$ であれば30分間，そして，80％$\dot{V}O_2max$ であれば5分間は同じ中等度の運動となる。実際には主運動の前後には，徐々にスピード（強度）を上げる時間とスピードを下げる時間を要するために，全体ではもう少し長い時間が運動時間となる。また，この図は成人を対象として作成しているため，青少年の場合には，図中の高強度・短時間の部分，高齢者の場合には軽い・時間をかけた組み合わせが好ましいとしている。

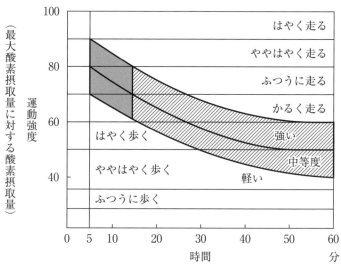

図9-1　持久走トレーニングに必要な運動時間と運動強度
（出典：体育科学センター，1976）

　また，運動の強度のほかに用いる指標としては，第8章でも記述しているが，主観的（自覚的）運動強度やカルボーネン法による心拍数を指標としたものがある。トレーニングを進めていくと体力は増加する傾向にある。成人の健康・体力の維持・増進には，中等度の運動が最低の条件とされており，いずれの指標を用いた場合にもこの強度を目安に実施する必要がある。

　運動の時間については，中等度の運動の場合には1日30分以上を週5回以上（週合計150分以上），高強度の運動では1日20〜25分，週3回以上（週合計75分以上），あるいは両者の組み合わせで1日20〜30分，週3〜5回が推奨されているが，体力レベルの低い対象者は休息をはさみながら低強度〜中強度の運動を計30分ほど行うようにする。

（4）　トレーニングの種類

　健康・体力の維持や改善だけではなく，有酸素トレーニングは全身持久力や運動能力を高める目的でも用いられている。これまでに記してきた運動の強度，時間および頻度を組み合わせることで多様なトレーニングの種類がある。

1）ペーストレーニング

　一定のスピードを持続して長時間にわたってトレーニングをする方法である（図9-2）。一般的にはマラソン選手や自転車ロード競技選手によく用いられているトレーニング方法である。負荷強度は中～高強度で行うが，目的に応じて強度を設定する必要がある。さらには，無酸素性作業閾値（AT: anaerobic threshold）や乳酸性作業閾値（LT: lactate threshold）などの強度を用いて行うこともある。また，特に低強度でゆっくりと走るトレーニングをLSD（long slow distance）と呼び，健康づくりにも利用されることがある。

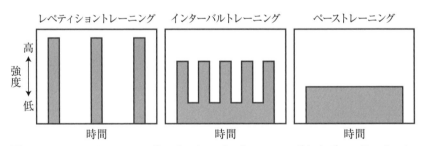

図9-2　ペーストレーニング，インターバルトレーニングおよびレペティショントレーニングの負荷強度と運動時間の関係　＊グレーの部分は活動期を示す

（出典：浅見俊雄，1985，著者一部改変）

２）インターバルトレーニング

　このトレーニングは速いスピードでの運動と遅いスピード（ジョギングなど）の不完全休息を繰り返し行う。運動の強度はダッシュのような距離の短いものから1000〜2000m の長距離のインターバルまで，目的に応じて様々な方法がある（図9‐2）。V̇O₂max の向上，全身持久力の改善，AT や LT 強度でのスピードの改善などを目的とするが，一般的には運動と休息時間の比率は１：２で行う。短い距離では１：３の比率で運動と休息時間をとり，長い距離でのインターバルの場合には１：１の比率を用いて行う。

３）レペティショントレーニング

　このトレーニングは高強度での運動と長い時間の休息を繰り返すトレーニング方法である（図9‐2）。高強度の運動では無酸素性エネルギー供給に依存するため十分な回復時間を設けることで，１回の運動を全力で行わせるようにする。

4．柔軟性の運動

　運動をスムーズにけがなく行うために柔軟性は必要不可欠である。柔軟性を高める代表的な運動として挙げられるストレッチは，関節可動域（ROM）と筋の柔軟性などの運動機能を増加させる。加齢や運動不足などによる関節可動域の減少を抑制あるいは改善することにも効果的となる。

　ストレッチの方法は，大きく静的ストレッチと動的ストレッチの２つに分けられる。まず，静的ストレッチでは大きな筋群を中心として行い，各筋群を15〜60秒かけて伸展する。筋が過伸展にならないように，可動範囲内でその部位が伸ばされていると感じるところ（痛みを伴わない）

まで反動をつけずに，息をこらえることなく通常の呼吸をしながら行う。無理に伸展すると筋を痛める可能性があること，息をこらえると血圧の上昇につながること，また，反動をつけて伸展すると伸張反射により筋が短縮するために効果的なストレッチにならなくなる。

　次に，動的ストレッチは，動きの中で腕や足などをいろいろな方向に回すことで関節の可動域を広げるストレッチであり，ウオームアップにおける準備体操などがこれにあたる。身体が温まった状態で行うことでさらに効果が得られる。

5.　ウオームアップとクールダウン

　一般的に主となる活動の前に「準備すること」と後に「整理すること」が行われるが，身体活動やスポーツ活動において，これにあたるのが「ウオーム アップ（Warm-up: W-up）」と「クールダウン（Cool-down: C-dn）」となる。以下に，ウオームアップとクールダウンの効果について示す。スポーツ活動における一般的な W-up と C-dn は，スポーツの特性や環境条件など多くの要因を考慮し配慮することが必要である。

（1）　ウオームアップの効果
　ウオームアップは，トレーニングや競技を実施する前の生理的・心理的な準備として必要不可欠であり，傷害の予防にも効果的である。W-up なしではスポーツ活動時に身体の機能が効率よい状態にすぐに到達せず，一定の時間を要すると考えられる。W-up の効果を表9-4に示す。

　W-up を実施する主な目的は，1）体温や筋温を高める，2）呼吸循環応答の改善，3）神経機能の亢進，4）柔軟性の改善，5）傷害予防，

表9-4　ウオームアップの効果

| 1. 体温や筋温の上昇 |
| 2. 呼吸循環応答の改善 |
| 3. 神経機能の亢進 |
| 4. 柔軟性の改善 |
| 5. 傷害予防 |
| 6. 身体活動や競技への心理的な準備 |

そして，6）身体活動や競技への心理的な準備である。

　図9-3にウオームアップ時間と筋温，体温（直腸温）および作業所要時間の関係について示す。W-upを開始してから筋温と体温はそれぞれ約10分と15～20分で上昇し一定となり，作業所要時間もおよそ20分で一定となる。このW-upによる体温や筋温の上昇は，筋や関節における粘性抵抗を減少させ，筋出力や関節可動域を高め，血液循環を促進し，運動に対する反応性や神経協調能を亢進する役割がある。結果として，傷害の予防や身体活動や競技への心理的な準備につながる。

（2）ウオームアップの種類

　W-upには，一般的W-upと専門的W-upがあり，スポーツ活動の種類や内容によってこれらの構成を考える必要がある。

　一般的W-upには主運動とは直接関係のないジョギング，ストレッチや徒手体操などが挙げられる。専門的W-upは主運動と同じ運動を用いた特異的な運動や動作を含み，トレーニングや競技において身体が正しく効果的に機能できるようにすることを目的として行う。実際の競技で用いるリズムや強度で行い，競技などの技術的な要素と一定強度の運動

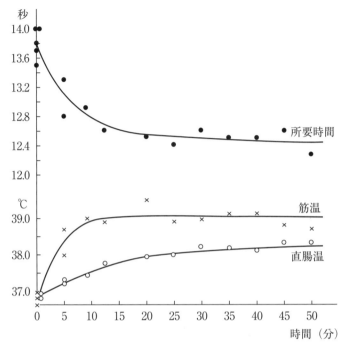

図 9 - 3　ウオームアップ時間と筋温，直腸温および一定作業所要時間の関係
（出典：Asmussen, E. ら，1945）

を繰り返すことで，質の高いパフォーマンスを十分発揮できるように準
備することができる。その他に，W-up には単に筋温や体温の上昇だけ
を目的とする受動的な W-up がある。

（3）　クールダウンの効果

　クールダウンの生理的効果については不明瞭な点もあるが，主運動か
らの回復を図るものとして重要となる。C-dn の運動強度については最
大酸素摂取量の30〜40％程度（30〜40％ $\dot{V}O_2max$）で少なくとも運動後
5 〜10分間くらいは C-dn を継続する必要がある。表 9 - 5 にクールダ

表9-5　クールダウンの効果

1．静脈帰還血流量の確保
2．乳酸や疲労物質の除去
3．過換気の防止
4．遅発性筋痛の予防
5．運動後の呼吸循環器系の事故防止

ウンの効果について示す。

　C-dn の目的は，1）筋ポンプ作用による静脈帰還血流量の確保，2）乳酸や疲労物質の速やかな除去，3）過換気の防止，4）遅発性筋痛の予防，5）運動後の呼吸循環器系の事故防止である。

　多くのスポーツでは運動時に下肢の筋が収縮して静脈が圧迫されているが，ウオーキングやジョギングなどの筋の収縮と弛緩がリズミカルに連続して起こる比較的軽度の運動時には，筋のミルキングアクション（筋ポンプ作用）が持続される（図9-4）。このことは，静脈帰還血流量を確保し血液を心臓に戻すことから，亢進した生理的・代謝的機能を安静レベルに速やかに戻すことや，乳酸や疲労物質の除去等を促進する一助となる。

　一方，運動終了後に完全な休息を取ってしまうと，筋ポンプ作用が働かなくなり，特に，下肢においては静脈での血液の滞留などが生じ，静脈帰還血流量が減少して血圧の低下を引き起こし，立ちくらみやめまい，失神などの原因にもなる。また，急激に運動を中止すると過剰な換気が引き起こされ筋の痙攣や血圧の低下が引き起こされる可能性があり，C-dn はこのような運動後の過剰換気を防止する。

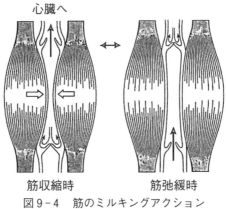

心臓へ

筋収縮時　　　　　　筋弛緩時

図9-4　筋のミルキングアクション
（出典：大西朋ら，2016）

（4）　クールダウンの種類

　疲労の蓄積によって筋の硬直等を主観的に感じることも多いことから，ウォーキングやジョギングなどの他にストレッチなどによって筋に感じる不快感等を軽減することは，遅発性筋痛の軽減，傷害発生予防やコンディショニングの観点からも大切となる。

　また，運動後のマッサージも静脈血やリンパ液の環流を促進し，蓄積した疲労物質や老廃物を除去することで疲労を回復させ，疲労した筋や関節の過緊張，痙攣，張り，痛みなどを改善する効果がある。また，アイシングは激しい運動後の筋温上昇を抑え，エネルギーの消耗を防ぎ，筋痛など筋のダメージの軽減や慢性的な傷害予防などにも効果がある。

参考文献

1. RW, B.T.a. E., *Strength training and conditioning, 3rd ed.* 金久博昭総監修，ストレングストレーニング＆コンディショニング　第3版，ブックハウス・エイチディ，394-401，2010.

2. Hettinger, T., アイソメトリックトレーニング；猪飼道夫，松井秀治訳. 大修館書店，1970.

3. 勝田茂，運動生理学20講　第2版. 朝倉書店，112，1999.

4. 浅見俊雄，スポーツトレーニング. 朝倉書店，85，1985.

5. Bishop, D., Warm up I: potential mechanisms and the effects of passive warm up on exercise performance. *Sports Med*, 33(6): 439-454, 2003.

6. Coleman, G., 52-week Baseball training Chapter 6 warm-up/Cool-Down and Flexibility. *Human Kinetics*. 147-156, 2000.

7. Asmussen, E. and O. Boje, The effect of alcohol and some drugs on the capacity for work. *Acta Physiol Scand*, 15(2): 109-113, 1948.

8. Asmussen, E., Bøje.B., O., Body temperarture and capacity for work. *Acta Physiol. Scand.*, 10: 1-22, 1945.

9. 長澤純一，大西朋他，運動生理学の基礎と応用　健康科学へのアプローチ　第6章運動プログラムの理論と実践　ナップ社，127，2016.

10 │ 運動と発育・発達

鈴木宏哉

《目標&ポイント》　成人期以前の身体は生涯を通じて最も成長する。運動遊びを含む運動・スポーツ環境は子どもの成長にどのような影響を及ぼしているのだろうか。本章では子どもの健全な発育・発達を促す身体活動の在り方について概説する。

《キーワード》　子ども，健康，形態，体力，運動習慣，運動処方

1. 発育と発達

　身体の変化を表現する用語は「発育」，「発達」，「成長」など様々である。学問分野によって用い方は異なるが，体育学やスポーツ科学の分野では発育を形態的な変化，発達を機能（能力）的な変化として扱うことが多い。また，成長は発育と同義に用いられる。身長が伸びたり，体重が増えたりしたことを表現する場合には形態的変化を表す「発育」を用いる。筋力や持久力のような体力の変化を表現する場合には機能的変化を表す「発達」を用いる。例えば，筋肉（筋量）と筋力（筋機能）を区別して用いているときには，筋肉が太くなったことを表現するには筋量の増加なので発育，筋力を測定するテストを行った結果が改善していれば能力の変化なので発達ということになる。海外の発育・発達に関する書籍では Growth, Development, Growth and Development といった用語が用いられており，Growth が発育や成長，Development が発達に対応する。ただし，Development（発達）は発育を含む広義な概念とし

て用いることもある。なお，成長や発達という用語は経済成長や交通網の発達のように身体的変化以外にも用いられることから，Human Growth や Human Development とする場合が多い。

2. 身長の発育

　図10-1の左のグラフは胎児期と出生後の身長の発育過程を模式的に示したものである。右のグラフは身長の発育を年間発育増加量（発育速度）に変換して発育過程を模式的に示したものであり，発育速度曲線といわれている。身長の急激な発育を示す時期には，胎児期から幼児期前半に至る時期（第1発育急進期）と小学校高学年頃から中学校頃の時期（第2発育急進期）の2つがある。発育急進期には発育速度曲線のピークが出現する。特に第2発育急進期におけるピークを最大身長発育速度（PHV：peak height velocity）年齢とよんでいる。文部科学省の統計資料にある年齢別の身長の平均値を見ると，男子では11歳から12歳にかけて，女子では10歳から11歳にかけて増加が最大となり，それぞれ約

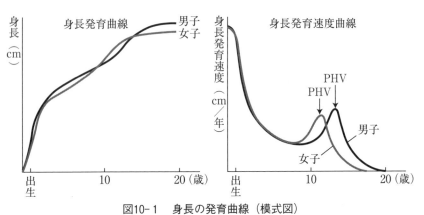

図10-1　身長の発育曲線（模式図）

(出典：高石ら，1977，著者一部改変)

8 cm/ 年と約 7 cm/ 年の増加が認められる。

　国の統計資料にある年齢別の身長の平均値をグラフ化すると，確かに図10- 1 のような曲線になる。そして，PHV 年齢は女子が男子よりも早く訪れる傾向にある。しかしながら，あくまでも平均的な特徴であることに注意が必要である。母子手帳や健康観察カードなどをもとに発育記録を個別に観察すると，ピークが早く出現したり，遅く出現したりすることもあるし，はっきりとしたピークを確認できない場合もある。

3. スキャモンの発育曲線

　スキャモン（Richard E. Scammon）は乳児から成人までの20年間の身体の加齢変化について，身体の様々な部位や臓器・器官の計測記録をもとにまとめ，図10- 2 のような模式図を示した。図中の曲線は出生時から20歳までの増加量を100として，各年齢段階の値を百分率で示している。各部位の長さや面積，体積，重量を年齢ごとに集計した記録であるから，発達（機能的）曲線ではなく，発育（形態的）曲線である。そして解剖資料に基づいて作成されており，同一個人を追跡した値ではないことに注意が必要である。

　スキャモンは発育の様相を 4 つのタイプに分類した。全身の形態（頭部を除く），筋肉や骨などは図10- 1 でも示したように乳幼児期と思春期に顕著な発育が見られる S 字型の曲線を描く「一般型」に分類される。脳，頭囲，眼球などは乳幼児期に顕著な発育が見られ，児童期の前半には成人の大きさの 2 / 3 以上に達し，その後緩やかな発育をする「神経型」に分類される。胸腺，リンパ組織などは児童期に急激な発育が見られ，思春期に頂点に達し成人の 2 倍近くになり，それ以後は下降する「リンパ型」に分類される。前立腺や精巣・卵巣などは思春期まで非常にゆっくりと発育するが，思春期の短期間に急激な発育を示す「生殖

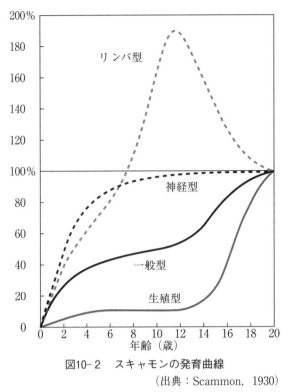

図10-2　スキャモンの発育曲線
（出典：Scammon, 1930）

型」に分類される。

　運動・スポーツとの関連でこの発育曲線を捉えたとき，一般型は体格（骨格や筋肉）の発育，神経型は動きの巧みさ，生殖型は骨格や筋肉の発育に影響する性ホルモンの分泌などと関連づけて考えることができる。子どもに対する運動・スポーツ指導場面では，子どもの発育特性を十分に理解した指導が求められる。ただし，筋量が多いことは筋力発揮の高さと強い相関があるが，頭囲が大きいからといって必ずしも脳機能が優れている訳ではないことからも分かるように，形態の発育と機能の発達は必ずしも一致しない。そのため，運動発達を知るためには機能テスト（体力テスト）の記録を観察する必要がある。

　スキャモンの発育曲線は発育の様相を大まかに理解する優れた曲線ではあるが，90年以上も前の1930年に作られたスキャモンの発育曲線はPHV年齢が低年齢化している現在の子どもにもそのまま適用できるのだろうか。発育・発達研究において広く引用されてきたこの発育曲線を

再検証しようとする試みもある（藤井，2015）。

4. 体力の発達

　スキャモンの発育曲線は身体各部の形態的発育を示している。加えて身体諸機能の発達，特に身体運動と関わりのある体力の発達について理解するために，力強さ，ねばり強さ，動きの巧みさの3つを取りあげる。

（1）　力強さの発達

　力強さは筋力であり，筋が短時間に収縮することで発揮される最大の力のことである。筋力を測定する代表的なテストに握力テストがある。握力は前腕の静的屈筋力を測定しているが，背筋力とも相関があり，全身の筋力を代表する値として考えることができる。図10-3は握力の加齢変化を示している。11歳頃までは男女とも同じように緩やかに発達しているが，12歳以降は性差が急激に増大する。年間増加量（図の値は3点移動平均）は女子では12歳から13歳にかけて最大となるが，男子では13歳から14歳にかけて最大となり，その後増加量は減少する。図中に身長の発育が盛んな時期を網掛けで示したが，男女とも PHV 年齢よりもやや遅れて握力発達のピークが出現することから，12歳以降の性差拡大には第2発育急進期と同時期に現れる生殖型の急激な発育に由来した性ホルモンの分泌が影響していると考えられる。

　筋力は筋断面積（筋肉の太さ）と筋を収縮させる神経系の働きに左右される。また，筋断面積あたりの筋力は思春期以降，発育に伴った変化はしないといわれており，思春期以降の性差拡大には，男子の筋断面積の増加（筋肥大）が女子よりも多いことが主な要因であると考えられる。

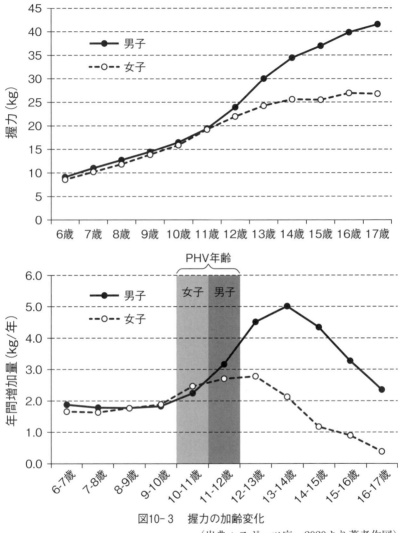

図10-3　握力の加齢変化

（出典：スポーツ庁，2020より著者作図）

（2）　ねばり強さの発達

　ねばり強さは，身体運動を持続的に行うことのできる能力であり，局所的な筋の運動に関連する筋持久力と全身的な運動に関連する呼吸循環系持久力（全身持久力）に大別できる。ここでは，全身持久力の発達を取りあげる。

　全身持久力は有酸素性作業能力ともよばれ，体内で消費される酸素量の最大限界を示す最大酸素摂取量がその指標となる。最大酸素摂取量の測定には実験室での運動負荷試験が必要であるが，20m シャトルランテスト（次第に速くなるペース音にあわせて20m を往復し，ついていけなくなるまでの走回数を記録）は最大酸素摂取量と高い相関があるフィールドテストであり，学校現場で広く用いられている。図10-4 は20m シャトルランテストの加齢変化を示している。男女とも14歳に最大値となる。そして年間増加量（図の値は 3 点移動平均）については男子では12歳から13歳にかけて，女子では10歳から11歳にかけて最大となる。男女とも15歳のときにいったん低下するが，おそらく生理学的な要因ではなく，高校受験などの社会的要因が影響していると考えられる。また，男子では16歳で一旦増加するが，女子では横ばいとなる。

　最大酸素摂取量の発達について，男子は10〜17歳頃までに急激に増加し，女子は児童期頃までは男子とほぼ同じ発達を遂げるが，思春期以降の上昇は男子ほど顕著ではないことが過去の研究から分かっている。これは，女子における思春期以降の体重増加の大部分が脂肪組織量の増加によって引き起こされているためと考えられる。単位体重あたりの最大酸素摂取量で見ると，男女とも10〜20歳にかけて大きな変化はないが，思春期以降減少するといった報告や，持久的トレーニングを行っている集団では思春期に上昇するといった報告などがあり，ばらつきが大きいのもこの年代の特徴である。

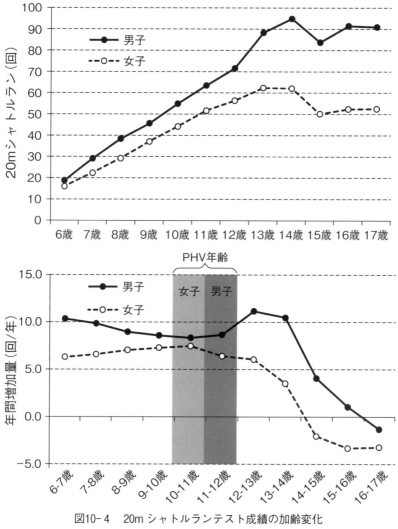

図10-4　20m シャトルランテスト成績の加齢変化

（出典：スポーツ庁，2020より著者作図）

（3）　動きの巧みさの発達

　動きの巧みさは，運動を制御する能力であり，敏捷性，平衡性，巧緻性などに相当する神経と筋の協調作用に関する能力である。ここでは，筋力などの要素を極力取り除いた動作の素早さを測定する単純反応時間を取りあげる。図10-5は光刺激に対して可能な限り速く反応する（ボタンを押す）時間の加齢変化を示している。男女とも児童期は直線的に反応時間の短縮がみられるが，思春期以降は横ばいとなる。年間増加量は児童期において大きく，特に小学校低学年において顕著である。スキャモンの発育曲線の神経型の特徴として，児童期前半までの発育速度が速いことが示されており，形態的な発育に伴って機能的な発達が生じていることが分かる。運動動作の難易度によっても発達過程は異なってくるが，比較的単純な運動は5～10歳頃にかけて急激に発達するものが多い。この過程は筋力や全身持久力の発達過程と明らかに異なる，運動を制御する能力特有の発達過程であるといえる。

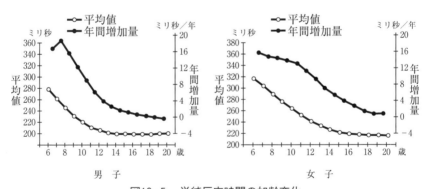

図10-5　単純反応時間の加齢変化

（出典：松浦，1982，著者一部改変）

5. 最適なトレーニング時期

　宮下（1980）は，いつどのようなトレーニングを行えば良いのかについて，体力要素の発達速度を手がかりに示した。宮下は発達の著しい時期にその体力要素をトレーニングすべきであると考え，力強さ，ねばり強さ，動きの巧みさの３つの体力要素の年間発達量を当時の計測値をもとに図10-6のようにまとめた。図10-6に基づき，神経・筋系の関与する動きの巧みさは11歳までに，筋・呼吸循環系の関与するねばり強さは12〜14歳の間に，筋・骨格系の関与する力強さは15〜18歳の間にそれぞれトレーニングすることを提案している（表10-1）。また，このとき，身体発育の指標として身長の発育速度曲線を採用し，身長の発育ピーク

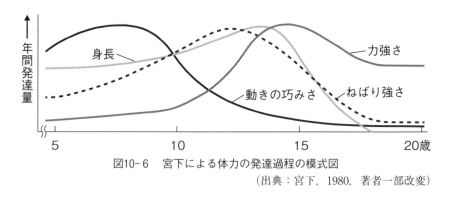

図10-6　宮下による体力の発達過程の模式図

（出典：宮下，1980，著者一部改変）

表10-1　体力トレーニングの最適時期　（宮下，1980）

主として関与する器官	年齢の目安	主眼
神経・筋系	11歳以下	上手になること
筋・呼吸循環系	12〜14歳	ねばり強くなること
筋・骨格系	15〜18歳	力強くなること

が13〜15歳であることを前提に，各体力要素の最適なトレーニング時期を提案した。したがって，PHV年齢が男子で11〜12歳，女子で10〜11歳となった現代においては，宮下が提案した年齢の目安を2，3年早める必要があるかもしれない。このことについて，大澤（2015）は文部科学省の体力調査データを用いて検証し，現代の子どもの発育・発達を考慮すると，宮下の示したトレーニング時期では全体にタイミングが遅いことや，女子は男子よりも早期に持久力と筋力の最適トレーニング時期が訪れている可能性があるため，性差を考慮する必要があることを提案している。

6. 体力発達を促す必要性

　これまで示した体力の発達曲線は集団の平均値をもとに描かれているため，実際には，その曲線から逸脱する子どもも当然存在する。身長の発育には栄養状態，睡眠，心理的ストレスが影響しており，栄養不足，寝不足，心理的なストレスが長期間続くと発育不全となる。また，体力と生活習慣の間には関連があり，朝食を毎日食べることや睡眠を充分とっている子どもの体力は高いことが知られている。特に，運動習慣が子どもの体力を大きく左右する。

　WHO（2020）は5〜17歳の子どもに対して少なくとも1日60分の中等度から高強度の身体活動を行うことを推奨している。しかし，日本の小学5年生は男子で48.6％，女子で70.0％が1週間に420分以上の運動・スポーツを行っていない（スポーツ庁，2019）。

　子どもの体力は1985年頃から2000年頃まで低下し続け，現在は回復基調にあるものの1985年頃の水準に及ばない。その要因のひとつに運動機会の減少があろう。笹川スポーツ財団の調査は，幼少期の運動・スポーツ・運動遊びの実施経験は世帯収入や運動・スポーツの習いごとの実施

状況と関連していることを報告している（鈴木，2015）。すなわち，習い事に通うことができるか否かといった家庭環境，および経済格差が運動経験の格差にも結び付いており，昔と違って子どもの体力は勝手に発達する時代ではなくなったといえる。

　最近ではボール遊びを禁止している公園も珍しくない。Barnettら（2008）は小学校の頃のボールをコントロールする技能（投・捕・蹴）の習熟度が高校における全身持久力と関連し，子どもの頃のボールコントロール技能の獲得がスポーツ活動への参加を容易にするかもしれないと述べている。Telama（2009）も指摘するように，子どもの頃の運動・スポーツ経験が基礎的な運動技能や運動・スポーツに対する態度や動機を発達させ，それらがその後の運動・スポーツ活動を容易にすると考えられる。

7. 発育・発達を促す環境の確保

　文部科学省が策定した幼児期運動指針の中に，「多様な動きが経験できるように様々な遊びを取り入れること」や「発達の特性に応じた遊びを提供すること」がある。子どもが自由に身体を動かす環境が減少し，家庭環境が子どもの運動環境を左右し，体力発達に影響を及ぼしている。格差を是正し，すべての子どもの健全な発育・発達を保障するためには，園や学校における身体教育場面が重要となる。園外・学外の環境が時代とともに変化している中で，園内・学内の取り組みの重要性はますます高まっている。

　誰もが参加できる中学校の運動部活動は中学生の運動機会を保障する。一方で，やり過ぎの問題も心配されている。運動部活動やスポーツ少年団の在り方については，指導者，指導内容，活動時間など，充分な議論が必要であろう。

8. 最後に

　誕生月がスポーツでの活躍と関連しているという海外の報告がある（Mujika ら，2009）。年齢ごとに選手を選抜する際に，日本でいう，早生まれ（1，2，3月生まれ）は不利に働き，4，5，6月生まれは有利に働くといった結果であり，ユース年代においてその傾向が顕著に表れる。すなわち，指導者は同じ学年の選手を選抜する際に，体格・体力的に優れた早熟な選手を選抜する傾向にあるということである。また，幼少期以降の練習量について重要な研究がある（Moesch ら，2011）。成人のエリート選手とそこまで到達しなかった準エリート選手の累積練習量を比べると，成人期の累積練習量はエリート選手のほうが多いが，幼少期以降15歳頃までの大半の時期において，最終的に選択することになるスポーツ種目の練習時間がエリート選手よりも準エリート選手のほうが多かった。この研究は子どもの頃の練習量の多さが競技の最終的な成功を保証しない，あるいは妨げになることを示唆する。皮肉を言えば，育成年代の指導者が短期的に競技的成果をあげたければ，体格的に優れた子どもを選抜し，対戦相手よりも多く練習させることにつきる。しかし，早熟な選手が最終的に優れた選手になるとは限らず，そのような指導者は将来性のある選手を見落とし，成人期のエリート選手育成を妨げるという皮肉な結果をもたらす可能性がある。

　子どもの運動・スポーツ環境を支える大人は，身体の発育・発達に関する知見を踏まえて，かつ長期的な視点に立ち，多様な発育・発達プロセスを辿る子どもの健全な発育・発達を保障する責任がある。

参考文献

1. 高石昌弘, 宮下充正編. スポーツと年齢, 大修館書店, 1977.
2. Scammon RE. *The measurement of the body in childhood*. In : Harris JA, Jackson CM, Paterson DG, Scammon RE (Eds.), *The Measurement of Man*. University of Minnesota Press, 173-215, 1930.
3. 藤井勝紀. 特集スキャモンの発育曲線を読み解く, 子どもと発育発達 12(4), 杏林書院, 2015.
4. スポーツ庁. 令和元年度体力・運動能力調査報告書, スポーツ庁, 2019.
5. 松浦義行. 体力の発達, 朝倉書店, 1982.
6. 宮下充正. UP 選書 子どものからだ, 東京大学出版会, 1980.
7. 大澤清二. 最適な体力トレーニングの開始年齢：文部科学省新体力テストデータの解析から, 発育発達研究, 69：25-35, 2015.
8. Wold Health Organization (WHO). WHO guidelines on physical activity and sedentary behaviour, WHO, 2020.
9. スポーツ庁. 令和元年度全国体力・運動能力, 運動習慣等調査報告書, 2019.
10. 鈴木宏哉. 運動・スポーツと運動あそびの実施実態と関連要因, 子どものスポーツライフデータ2015, 笹川スポーツ財団, 2015.
11. Barnett LM et al. Does childhood motor skill proficiency predict adolescent fitness? *Med Sci Sports Exerc*, 40: 2137-2144, 2008.
12. Telama, R. Tracking of physical activity from childhood to adulthood: A review. *Obesity Facts*, 3: 187-195, 2009.
13. Mujika I et al. The relative age effect in a professional football club setting. *J Sports Sci*. 27: 1153-1158, 2009.
14. Moesch K et al. Late specialization: the key to success in centimeters, grams, or seconds (cgs) sports. *Scand J Med Sci Sports*, 21: e282-290, 2011.

11 | 子どもの体力・運動能力

鈴木宏哉

《目標＆ポイント》　過去と現在の比較や諸外国との相違を通して，子どもにおける体力・運動能力の実態について学ぶ。そして何が違いに影響を及ぼしているのかを明らかにするとともに，子どもにおける体力・運動能力の意義について概説する。

《キーワード》　子ども，経年変化，格差，意義

1. 体力・運動能力テスト

　日本では，文部科学省（現在はスポーツ庁）が子どもの体力・運動能力を1964年から毎年調査している。調査開始当初は「スポーツテスト」と称して運動能力テストと体力診断テストの2種類に分けて実施していたが，1998年からはテスト項目数の精選とテスト項目の一部変更が行われ，新たに「新体力テスト」として，これまでのスポーツテストにおける運動能力テストと体力診断テストを統合した，体力・運動能力を測定する8項目になった（全国体力・運動能力，運動習慣等調査検討委員会，2012）。

　スポーツテストと新体力テストの対応関係を表11-1に示した。10歳と11歳では1997年度までは13項目（運動能力テスト6項目，体力診断テスト7項目）のテストを行っていたのが，新体力テストになって8項目へ簡素化される中で，運動能力テスト3項目と体力診断テスト3項目が削除され，運動能力テストに相当する項目は8項目中3項目となった。

表11-1 スポーツテストと新体力テストの対応関係

スポーツテスト（～1997年度）			新体力テスト（1998年度～）
6～9歳（1983年度～）	10・11歳（1965年度～）	12～29歳（1964年度～）	6～19歳
	握力		
			上体起こし
	立位体前屈		長座体前屈
50m走*			
立ち幅とび*	走り幅とび*		立ち幅とび
ソフトボール投げ（6～11歳）*，ハンドボール投げ（12歳以上）*			
	反復横とび（100cm）	反復横とび（120cm）	反復横とび（100cm）
	踏み台昇降運動		20mシャトルラン（往復持久走）
	持久走（男子1500，女子1000m）*，**		
とび越しくぐり*			
持ち運び走*			
	斜懸垂腕屈伸*	斜懸垂腕屈伸（斜懸垂）*	
	ジグザグドリブル*		
	連続さか上がり*		
	垂直とび		
	背筋力		
	伏臥上体そらし		

*スポーツテストにおける運動能力テスト項目
**新体力テストでは12～19歳のみ20mシャトルラン（往復持久走）との選択項目
（出典：全国体力・運動能力，運動習慣等調査検討委員会，2012，著者一部改変）

文部科学省が新体力テストの活用を促すためにまとめた出版物（文部科学省，2000）の中の記述に，「現代社会における体力の意義は，競技スポーツの基盤としての運動能力に加えて健康の基盤としての重要性が強調されるようになり，テスト項目の選択にはこの点にも配慮が必要でした。(p.7)」とあり，運動能力（motor-related fitness あるいは performance-related fitness）よりも健康関連体力（health-related fitness）が強調されるように変更されたことがうかがえる。

　他方で，現代の子どもにおける「基本的な動きの未習得」が指摘されている（日本学術会議，2017）。その基本的な動きは，従来のテストでは「何秒」「何メートル」「何回」といった量的な評価だけであったため，動きの習得・未習得についての評価が困難であった。この問題を解決する評価方法として日本体育協会（現在の日本スポーツ協会）は「走・跳・投」の基礎的動きに関する質的な評価（観察評価）方法を提案した（日本体育協会，2010）。この観察評価は全体的な動きの印象と身体部分に注目した各動作のポイントとなる動きについて，その出来栄えを簡易に判定する。そのため，評価観点はよい動きを指導するための観点にもなる。そして，近年では，従来の量的な評価と質的な評価（観察評価）を組み合わせて評価するテスト（運動適性テストⅡ）も開発されている（日本スポーツ協会，2019）。運動適性テストⅡは「一生涯にわたってスポーツや運動を楽しむという観点から，特に発育・発達期の子どもの身体の動きやスポーツや運動の適性を評価すること」をコンセプトとしている。量的な評価だけでは早熟な子どもだけに目が行きがちになるところを，動きの質にも注目してアドバイスすることができる。発育・発達の著しい時期にある子どもの発育状況を踏まえて運動発達を適切に評価することは，子どもの運動・スポーツ推進にも寄与すると考えられる。

2. 体力・運動能力

　体力は防衛体力と行動体力に大別できる。防衛体力は外界から加えられるストレスに対抗して身体が平衡状態を維持する能力（抵抗力）であり，病気から身を守る力である。一方，行動体力は身体が外界へ働きかけて発揮する作業能力であり，あらゆる活動の源である。日常的に使われる体力という用語は，この防衛体力と行動体力を混同した概念であるが，スポーツ庁の新体力テストで測定されるのは行動体力である。

　行動体力を構成する要素には，筋力，筋パワー（瞬発力），全身持久力，筋持久力（局所持久力），敏捷性，平衡性（バランス），柔軟性，巧緻性がある。筋力と筋パワーを「行動を起こす能力」，全身持久力と筋持久力を「行動を持続する能力」，その他を「行動を調整する能力」とよぶことができる。学校教育場面では，学習指導要領の中に，体力を高める運動として，体の柔らかさ，巧みな動き（行動を調整する能力），力強い動き（行動を起こす能力），動きを持続する能力（行動を持続する能力）を高めるための運動をするように明記されているため，柔軟性を行動を調整する能力から独立させて4つに分類して体力を高める取り組みを実践していることが分かる。

　以上のように，ここでいう体力とは運動能力を含む概念であり，行動を調整する能力が運動能力に対応する概念になる。文部科学省は1998年以降，運動能力と体力を明確には区別せずに，新体力テストという名称で体力診断テストと運動能力テストを1つに統合した。しかし1964年から続く国の調査名称として体力・運動能力（調査）という用語は今も使われている。また，新体力テスト項目を運動動作の視点で分類したときには，50m走や20mシャトルランは走動作，立ち幅跳びは跳動作，ボール投げは投動作であり，それぞれ走能力，跳能力，投能力といった

３つの基礎的な運動能力を評価している。すなわち，テスト名称として
は体力という用語を用いているが，評価の視点では運動能力と体力を区
別して用いることもある。

3. 体力の調査

　日本全国の子どもにおける体力の実態を知ることができる公的な調査
には，スポーツ庁が実施する「体力・運動能力調査」と「全国体力・運
動能力，運動習慣等調査」の２つがある。「体力・運動能力調査」は国
民の体力の現状を明らかにするとともに，体育・スポーツの指導と行政
上の基礎資料を得ることを目的とした，統計法に基づく統計調査であり，
スポーツ庁（2015年９月までは文部科学省）が1964年から毎年実施して
いる。この調査は６歳から79歳までの約７万人の抽出調査であり，小学
生（６歳）から高校生（17歳）までは各都道府県から各年齢50～60人が
無作為に抽出され，47都道府県をあわせて各年齢2,000人～2,500人程度
の調査規模で行われている。握力，50m 走，ハンドボール投げ（小学
生はソフトボール投げ）の３項目については調査開始当初から現在まで
変わることなく測定されており，50年以上にもわたる体力の長期的な変
化を確認することができる。

　「全国体力・運動能力，運動習慣等調査（以下，運動習慣等調査)」
は2008年に開始された小学５年生と中学２年生の全数調査（約200万人）
である。ただし，2010年と2012年は約２割の抽出調査となり，2011年に
は東日本大震災，2020年は新型コロナウィルスの感染拡大のため調査が
中止となったが，2013年からは全数調査として現在も継続されている。

　どちらの調査も新体力テストを用いているが，体力・運動能力調査の
利点は，幅広い年齢層で実施し，発育・発達の傾向を観察できる点や長
期的な変化を観察できる点にある。運動習慣等調査の利点は，２つの学

年だけが対象ではあるが，学校に通う全員が調査対象となるため，都道
府県や市区町村の教育委員会ごとに子どもの実態を正確に把握すること
ができる点にある。また，体育的活動に関する項目や学校の取り組みを
同時に調査しているので，体力に関する要因分析ができることも特徴で
ある。この調査結果は毎年12月頃に公表されているが，マスコミ各社は
都道府県別の体力ランキングを報道している。調査開始当初は，全員を
対象とする必要があるのかとか，体力ランキングが過剰な序列化を助長
するのではないかといった批判的な意見も一部にはあったが，体力向上
に関する教育的取り組みを実施する教育委員会が年々増加していること
や子どもの体力に関する社会的な関心が高まっていることも事実である。

4. 調査から見える子どもの実態

　Nishijima ら（2003）は1964年から1997年までの調査データを用いて，
12〜17歳の子どもの経年変化を分析した。この論文では，34年間を1964
〜1974年，1975〜1985年，1986〜1997年の3期間に分けたうえで，調査
開始以降，体力は向上傾向が続き，1980年頃を体力のピークとし，1985
年頃以降1997年まで低下傾向にあることを報告した（図11-1）。
　1998年以降の傾向については，スポーツ庁（2019）の報告が参考にあ
る。1998年を起点（平均値を100として）に2018年までの変化を比率
（％）で表した結果，いずれの年齢においても緩やかではあるが向上傾
向にあることが分かる（図11-2）。1985年頃から続いた低下傾向は2000
年頃を境に変化し，現在に至るまで緩やかな向上傾向にあるものの，
1985年頃と比較すると依然低い水準になっている。スポーツ基本法の規
定に基づき，2012年3月に策定された「スポーツ基本計画」の中には，
「今後10年以内に子どもの体力が昭和60（1985）年頃の水準を上回るこ
とができるよう，今後5年間，体力の向上傾向が維持され，確実なもの

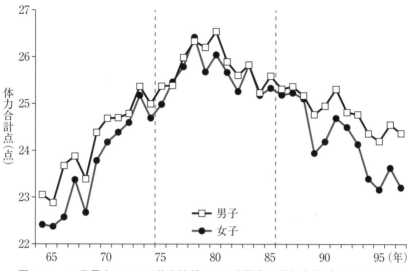

図11-1　17歳男女における体力診断テスト合計点の経年変化（1964-1997年）

（出典：Nishijima ら，2003，著者一部改変）

となることを目標とする。」と記載されている。この目標設定の拠り所となったのがこの調査結果であった。

　1985年以降2000年頃まで続いた体力低下の問題は，平均値の低下以外にもあった。図11-3は17歳の持久走テスト（男子は1500m走，女子は1000m走）成績について，集団全体の記録分布の特徴を把握するために，1970年，1980年，1990年，2000年の調査結果にある平均値と標準偏差をもとに正規分布曲線を再現したグラフである。平均を意味する分布の頂点は，1980年に左方向へ移動（記録が向上）し，その後1990年，2000年と徐々に右方向へ移動（記録が低下）していることが分かる。それと同時に，1980年の分布は1970年と比べて裾野が左方向へ広がり（高記録者が増え），1990年と2000年には山がつぶれ，裾野が左右に広がっている（記録の分布が広がった）ことが分かる。すなわち，体力の高

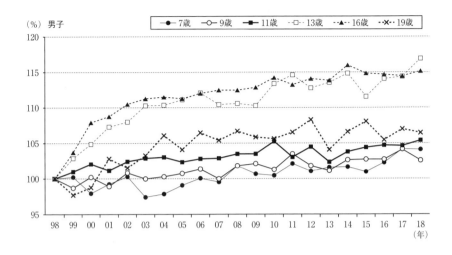

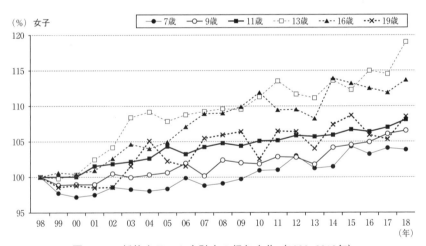

図11-2　新体力テスト合計点の経年変化（1998-2018年）
注）1998年の体力合計点を100％とする相対値
（出典：スポーツ庁「体力・運動能力調査」（1998〜2018）より著者作図）

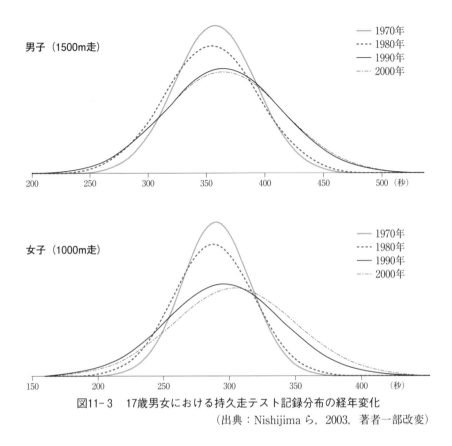

図11-3　17歳男女における持久走テスト記録分布の経年変化

（出典：Nishijima ら，2003，著者一部改変）

　　かった1980年代と比べると，2000年頃までの体力低下は，集団全体の体力低下ではなく，体力の高かった集団はそのままに，体力低位層が増加したことが要因であることが推察される。すなわち，2000年頃は「体力格差」という問題を抱えていたといえる。

　　2016年にスポーツ庁が発表した報告では30年間の経年変化を運動・スポーツ実施頻度別に分析し，1985年，2000年，2015年の比較を行っている（図11-4）。運動・スポーツ実施頻度の週3日以上群と週3日未満群

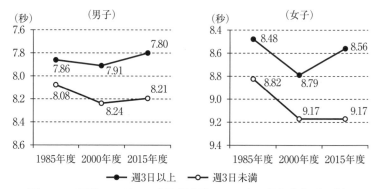

図11-4　運動・スポーツ実施頻度別の50m走の経年変化（13歳）

（出典：スポーツ庁，2016）

に分類すると，体力の低下傾向にあった1985年から2000年の記録の低下は週3日未満群において大きく，緩やかな向上傾向にあった2000年から2015年の記録の上昇は週3日以上群において大きいことが報告されている。

　近年の体力の実態をまとめると，1980年代の体力水準には到達していないものの，向上の兆しがある。ただし，向上の兆しがあるのは運動習慣のある子どもだけであり，運動を行うことが習慣化していない体力低位層の子どもに対する課題が残っている。

5. 諸外国と比べた日本の子どもの体力

　著者らは2013年にアジアの8都市（東京，ソウル，上海，台北，香港，クアラルンプール，バンコク，シンガポール）の中学生を対象に体力調査を実施した（Huiら，2020）。その結果，東京の中学生は他の都市の中学生と比べて，持久力テスト（上体起こし：筋持久力，15mシャトルラン：全身持久力）の成績が優れていることが分かった（表11-2）。

表11-2　東京とアジア主要都市の中学生の体力比較

性	地域	握力(kg)	柔軟性(cm)	上体起こし (回/60秒)	15mシャトルラン (回)
男	東京	28.0±7.5	50.7±9.6	45.5±12.3	72.7±24.5
	アジア都市	29.1±7.4	51.7±10.5	37.4±10.8	45.8±20.8
女	東京	22.5±4.2	57.2±10.4	36.5±10.7	45.2±16.5
	アジア都市	21.8±4.4	56.2±10.8	28.1±9.8	27.6±11.0

注) 値は平均値±標準偏差　　　　　　　（出典：Suzukiら，2016，著者一部改変）

また全身持久力については，50カ国の全身持久力（20mシャトルラン）の国際比較を行った研究が報告されており（Langら，2016），9歳から17歳の全身持久力の国際ランキングは，上位に北・中央ヨーロッパやアフリカの国々，下位に南アメリカの国々がランキングされ，日本はアジアでは唯一の上位層にランキングされている。

　体力の時代変化に関する諸外国の研究報告（Tomkinson, 2007; Tomkinson & Olds, 2007）を概観すると，跳躍テスト成績は1950年後半から1985年頃まで正の変化（上昇），それ以降は負の変化（低下）を示していた。スプリント走テストは，1985年頃まで年間変化量は正の変化を示し，その後は横ばいであった。全身持久力テストは1960年代に正の変化を示したが，その後は2003年まで負の変化が続いた。

　以上のように，諸外国と比べたとき，日本の子どもの体力は低いレベルではなく，とりわけ持久力についてはアジアトップで世界的に見ても上位に位置する。また，経年変化については，日本の変化傾向はおおよそ諸外国の変化傾向と類似しているが，全身持久力に関してはその低下し始めた時期が遅く，現在では緩やかではあるが上昇傾向にあるのは世界的にも珍しい。国民の体力と国の体力づくり施策は密接に関係しており（鈴木，2020），学校体育を中心とした施策の変化が日本特有の変化

に影響している可能性がある。

6. 子どもにおける体力の意義

　子どもの体力は肥満，心血管疾患，骨の健康，がん，心理的健康など
と関連していることが多くの研究によって明らかにされている
（Ortega ら，2008）。また，体力と学力・認知機能の間に関連があると
いう報告がある（Donnelly ら，2016）。

　体力水準の生涯にわたる推移を考えると，一般に出生後の20年間で発
達し，20歳頃から40歳頃までの20年間で緩やかに低下，そして40歳以降
になると低下傾向が顕著になる。出生後の20年間で体力を充分に高める
ことができれば，自立して活動できる期間も延伸する。高校時代に体力
の高かった女性は低かった女性と比べ，その後の死亡率が低いこと
（Sato ら，2009）や，大学時代に敏捷性が優れている男性は劣る男性
と比べ，中高齢期のロコモティブシンドロームになるリスクが低いこと
（Shen ら，2021）が報告されている。したがって，子どもの体力は単
に子どもの頃の問題だけでなく，成人期の問題にも関わっていることを
認識すべきである。

7. 体力の向上を目指す取り組みの考え方

　子どもの頃に体力を十分高めることは，子どもの頃の健康面に対する
利益のみならず，大人になってからの健康面に対しても利益がある。長
い時間ランニングしたり，重いものを繰り返し持ち上げたりするような
体力トレーニングは体力測定値を高める効率的な方法である。確かに小
学校の休み時間などに全校一斉に持久走を行い持久力が向上した学校は
全国に数多くある。しかしながら，それらの取り組みが子どもの運動や
スポーツ，あるいは体育に対する意識の改善や運動・スポーツの習慣化

に寄与していなかったとすれば，その子どもが大人になったときに，はたして高い体力を維持できているだろうか。

　スポーツ庁による体力調査の結果からは，運動やスポーツが好きであると回答した児童生徒の体力合計点が，嫌いと回答した児童生徒よりも高いことを報告している。図11-5は小学5年生男子の体力合計点の平均値と運動・スポーツが好きと回答した児童の割合を，都道府県ごとに示した散布図である。運動やスポーツが好きと回答した割合が高い都道府県ほど体力合計点の平均値が高い傾向にあることが分かる。しかしながら，注目してほしいのは，体力合計点の平均値が全国平均を上回っているにもかかわらず，運動やスポーツが好きと答えた児童の割合が全国

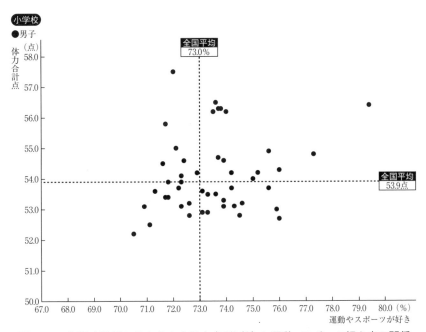

図11-5　都道府県別に見た体力合計点（平均値）と運動・スポーツ好き率の関係
（出典：スポーツ庁，2016）

平均を下回っている都道府県がいくつか存在していることである。子ど
もの体力が高いことには様々な利益がある。ただし，運動やスポーツに
対して肯定的な感情がなければ，成人期における運動の習慣化は期待で
きない。

　Suzuki & Nishijima（2005）は高校生を対象に，中学校以前の運動・
スポーツ経験（多様な運動・スポーツ経験や高い運動・スポーツ実施頻
度）と現在の体力の関連性を検討し，過去の運動・スポーツ経験が現在
の運動・スポーツ習慣を介在して間接的に現在の体力・運動能力に影響
を及ぼしていることを明らかにした（図11-6）。また，現在の体力・運
動能力は現在の運動・スポーツ習慣に強く影響を受けていること，そし
て体力と運動能力を区別して検討すると，過去の運動・スポーツ経験は
現在の体力に対してよりも現在の運動能力に対して影響が強いことを報
告した。この報告は，現在，運動・スポーツを習慣的に行っている者は
体力・運動能力が高いという当たり前の結果を示していると同時に，現
在の運動・スポーツ習慣は過去の運動・スポーツ経験によって支えられ

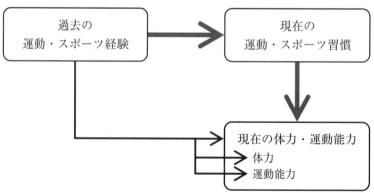

図11-6　過去の運動・スポーツ経験と現在の体力の関係
（出典：Suzuki & Nishijima, 2005より著者作図）

ているということである。教育機関に在籍している間は，体育の授業があり，充実した運動施設や運動部活動などの組織的活動が無償で提供されている。そのため，好むと好まざるとにかかわらず，ある程度の体力・運動能力を維持することはできるかもしれない。しかし，ひとたび教育機関を離れてしまうと，運動・スポーツに対する意識が高くなければ運動・スポーツを実施することはほとんどなく，結果として体力・運動能力は低下してしまう。そのため，いかにして義務教育の場で子どもの運動・スポーツに対する意識を高められるかが重要となる。

　体力測定値は子どもの体力の実態を客観的に表しているが，子どもの体力を向上させるための取り組みは体力測定値を向上させることが目的ではなく，意識の向上や運動・スポーツの習慣化を促すことに主眼を置いた取り組みである必要がある。

参考文献

1．全国体力・運動能力，運動習慣等調査検討委員会．子どもの体力向上のための取組ハンドブック．文部科学省，2012.
2．文部科学省．新体力テスト～有意義な活用のために～．ぎょうせい，2000.
3．日本学術会議．健康・生活科学委員会健康・スポーツ科学分科会提言（2017年7月）「子どもの動きの健全な育成をめざして～基本的動作が危ない～」，2017.
4．日本体育協会．アクティブ・チャイルド・プログラム．サンライフ企画，2010.
5．日本スポーツ協会．スポーツ少年団運動適性テストⅡ要綱．日本スポーツ協会，2019.
6．Nishijima N et al. Changes over the Years in Physical and Motor Ability in Japanese Youth in 1964-97. *International Journal of Sport and Health Science* 1: 164-170, 2003.
7．スポーツ庁．平成30年度体力・運動能力調査報告書．スポーツ庁，2019.
8．スポーツ庁．平成27年度体力・運動能力調査報告書．スポーツ庁，2016.

9. Hui SS et al. Physical activity and health-related fitness in Asian adolescents: The Asia-fit study. *J Sports Sci*. 38(3): 273-279, 2020.

10. Suzuki, K et al. Japanese adolescents are the most physically fit and active in East and Southeast Asia. *Juntendo Med J*. 62(suppl 1): 96-98, 2016.

11. Lang JJ et al. International variability in 20m shuttle run performance in children and youth: who are the fittest from a 50-country comparison? A systematic literature review with pooling of aggregate results. *Br J Sports Med*. 52(4): 276, 2018.

12. Tomkinson GR: Global changes in anaerobic fitness test performance of children and adolescents (1958-2003). *Scand J Med Sci Sports*. 17: 497-507, 2007.

13. Tomkinson GR, Olds TS. Pediatric Fitness. Secular trends and geographic variability. Karger. 2007.

14. 鈴木宏哉. 国民の体力調査および体力づくり施策の変遷と展望. 体育の科学, 70: 648-656, 2020.

15. Ortega FB et al. Physical fitness in childhood and adolescence: a powerful marker of health. *Int J Obes*. 32(1): 1-11, 2008.

16. Donnelly JE et al. Physical Activity, Fitness, Cognitive Function, and Academic Achievement in Children: A Systematic Review. *Med Sci Sports Exerc*. 48(6): 1223-1224, 2016.

17. Sato, M. et al. Physical Fitness During Adolescence and Adult Mortality. *Epidemiology*. 20(3): 463-464, 2009.

18. Shen, S., et al. Association of physical fitness and motor ability at young age with locomotive syndrome risk in middle-aged and older men: J-Fit+ Study. *BMC Geriatr*. 21: 89, 2021.

19. スポーツ庁. 平成28年度全国体力・運動能力, 運動習慣等調査報告書. スポーツ庁, 2016.

20. Suzuki, K, Nishijima, T. Effects of sports experience and exercise habits on physical fitness and motor ability in high school students. *Sch Health*. 1: 22-38, 2005.

12 | 障害者とスポーツ

渡邉貴裕

《**目標＆ポイント**》　障害の有無にかかわらず，日常的に運動やスポーツに親しむことは，生涯にわたり健康で豊かな生活を営む上で重要である。本章では，障害のある人たちとスポーツとの関わりについての現状と課題を学ぶ。また，パラリンピックをはじめとする障害者スポーツの競技大会等を紹介し，それらが障害のある人たちや社会にもたらす影響について概説する。
《**キーワード**》　障害の概念，障害者スポーツ，パラリンピック・ムーブメント，インクルーシブ社会

1. 障害の概念

（1）　障害とその捉え方について

　日本では，障害のある人（以下，障害者）を「身体障害，知的障害，精神障害（発達障害を含む）その他の心身の機能の障害がある者であって，障害及び社会的障壁により継続的に日常生活又は社会生活に相当な制限を受ける状態にあるものをいう」と定義し，障害を身体障害，知的障害，精神障害の3つに区分している。内閣府の障害者白書（2019）によれば，国民のおよそ7.6%が何かしらの障害を有するとされている。

　これまで，障害は個人の能力・機能によって起こるものとして，障害者が味わう社会的不利はそのひと個人の問題だとする医学モデルを基本として定義されてきた。例えば，何かが「ない」，何かが「できない」人やその身体を「障害」と呼び，そうした人々を「障害者」と呼ぶ考え方のことである。しかしながら，現在では，障害者の社会的不利は，そ

障害とは

障害ってなんだろう？

　質問：あなたは車椅子に乗っています。今，階段の前にいて，上の階に行きたいのに，のぼることが出来ずに困っています。どうしてのぼれないのでしょうか？

　考え方1：あなたは，車椅子に乗っているせいで，上の階に行けない

　考え方2：あなたは，この建物に階段以外がないから，上の階に行けない

バリアを取り除くことをバリアフリーという

　物理的な環境だけでなく，私達の偏見なども含みます。

図12-1　順天堂大学「共生社会マスター」コア科目スライド『障害とは』より

の人個人の属性によってではなく，社会の仕組みや制度が作り出すとする社会モデルの考え方が主流となっている。つまり，まわりの環境によってできなくさせられていることを「障害」，そうした困らせられている人を「障害者」と考え，環境を変えていくことが大事という考え方のことである。

（2）　障害者のスポーツ参加の意義

　障害の有無にかかわらず運動・スポーツが心身の健康に影響を与えることは，広く知られている。藤田（2013）は，身体的側面，心理的側面，社会的側面の3つの側面から障害者のスポーツ参加の意義を述べている。例えば，身体的側面では，「体を動かすこと自体が楽しい」「勝利や記録が出たときに嬉しい」「体力・身体的機能が向上した」等，また，心理的側面では，「相手の気持ちが配慮できるようになった」「ストレスが解消される」「性格が明るくなった」等，さらに，社会的側面では，「友人

が増えた」「行動範囲が拡大した」「周囲の理解が向上した」等である。

　障害者の中でもとりわけ知的障害者の場合，健常者と比して生活習慣病の危険因子である肥満の発生率が高いという指摘がされてきた。特に肥満の発生要因については，食行動との関連，運動との関連，性格・行動特徴及び心理的特徴との関連，障害種別との関連等があげられるが，学齢期からの継続した運動習慣を形成していくことは健康を維持していくためにも特に重要な課題である。また，継続的に運動・スポーツを行うことが知的障害児の生活リズムを整え精神面を安定させることが報告されており，心理状態に影響を及ぼすことも明らかになっている。また，障害児・者にとって運動・スポーツは，対人コミュニケーションの場となりえることや，様々な環境に適応していくために意味のある活動であるとされ，生活の質（QOL）の向上に寄与するといえる。

（3）　障害者の余暇・スポーツ活動の現状

　障害者に関する初めての国際条約である「障害者の権利に関する条約」（以下，障害者権利条約）では，その30章の中で，障害のある人にとっての権利として，「文化的な生活，レクリエーション，余暇及びスポーツへの参加」が明記されている。「障害者がレクリエーション，余暇及びスポーツの活動に参加することを可能にするために，競技性の高いエリートスポーツから日常における余暇活動（遊び）としてのスポーツ活動まで，一般に行われるスポーツ活動に可能な限り参加することを奨励促進するとともに，適切な指導の機会や研修の機会をもち，環境整備や企画を行うこと」が求められている。また，我が国では，2011年にスポーツ基本法が施行され，その中に障害者スポーツの推進が明文化されている。

　しかしながら，笹川スポーツ財団が2017年に行った調査によれば，障

害児・者が週1日以上，何らかのスポーツ・レクリエーションを実施していたのは，43.7％であった。一方，笹川スポーツ財団「スポーツライフに関する調査」（2016）によると，成人（健常者）の年1回以上の運動・スポーツ実施者の割合は72.4％となっており，障害児・者のスポーツ実施率は一般に比べて極めて低いとことがわかる。

（4） 障害者の生涯学習とその機会

　2006年（平成18年）に改正された教育基本法の第3条には「生涯学習の理念」が追加され，国民一人ひとりが豊かな人生を送ることができるよう，いつでも，どこでも学習する機会をつくり，学習成果を適切に活かすことのできる社会の実現を図ることを規定している。これは障害のある人たちも同様であるが，独立行政法人国立特別支援教育総合研究所が2018年に行った「障害者の生涯学習活動に関する実態調査」によれば，特に市区町村等において，障害者が学校卒業後に生涯学習活動として取り組める事業・プログラムの低調さが指摘されている。近年，障害のある人々が社会生活を送る上で様々な課題に直面し，いったん就職しても職場になじめずに離職するケースもみられ，生涯の各ライフステージにおいて生じる様々な課題解決に向けた学習の場や，地域で過ごせる交流の場が求められている。そこで，スポーツや文化芸術活動に親しむなど，就労や生活を支える「学びの場」を整備していく必要がある。

　文部科学省は2017年に「障害者学習支援推進室」を設置し，学校卒業後も障害を通じて教育や文化，スポーツなどの様々な機会をもつことができるよう，教育施策とスポーツ施策，福祉施策，労働施策等を連動させながら支援している。例えば知的障害者の場合，現在生涯学習の機会として以下のようなものがある（表12-1）。

　これらの活動の中では運動やスポーツのプログラムが積極的に用いら

表12-1　知的障害者を対象とする生涯学習の機会

活動名称	概要
障害者青年学級	教育委員会，公民館，学校が主催する取り組み。取り組みの多くは大都市圏にある。調理やスポーツ，行事的な活動に取り組んでいることが多い。
特別支援学校の卒後支援	同窓会が主体になることが多い。学校によってはパワーアップセミナーなどと称した学習講座を開講している場合がある。
就労系生涯学習支援	就労生活支援センター等で取り組まれている学習講座である。パソコンスキルなど，就労に関わる内容や趣味づくりといった生活支援にかかわる内容まで，多岐にわたる。
福祉型専攻科福祉型カレッジ	社会福祉法人鞍手ゆたか福祉会が開始し，その後全国に波及している障害福祉サービス2つを組み合わせた取り組み。就労と生活支援の2つを掲げ，4年間の学びを保障している。
オープンカレッジ	大学施設を活用した取り組みであり，実施主体は大学だけでなく，NPO法人等も含まれる。大学資源を活かし，法学，経済学，生物学などの内容を学習する。

（出典：渡邉・橋本ら，2021）

れ，展開されている。心身共に健康な生活を営むために運動は欠かせない。またスポーツを通じて人との関わりや社会との接点をもつことは，障害者の社会参加という点でも重要である。

2．国内外の障害者スポーツ競技大会

　障害のある人たちがスポーツに親しむ機会として，大小様々なスポーツ競技大会が開催されている。国際的な競技大会としてはパラリンピッ

クを中心に以下のようなものがある。また，国内で開催されている競技大会には，代表的なものとして「ジャパンパラ競技大会」と「全国障害者スポーツ大会」があり，それぞれ位置付けこそ違いがあるが，障害者スポーツ推進のための一端を担っている。

なお，障害のある人たちが行うスポーツを表す言葉は，「パラスポーツ（para sports）」や「アダプテッドスポーツ（adapted sports）」，「アダプテッド・フィジカル・アクティビティ（adapted physical activity）」等，様々な標記が用いられている。本章では，障害のある人の運動やスポーツ，レクリエーションといった活動全般を表す言葉として「障害者スポーツ」を用いることにする。

（1）　パラリンピック

パラリンピックは，身体に障害のあるトップアスリートが出場できる世界最高峰の国際競技大会である。オリンピックと同様に4年に1度夏季と冬季に大会が開催される。また，知的障害のある人たちは，夏季大会の陸上競技，水泳，卓球の3競技に限り出場が認められている。パラリンピックの競技種目では，競技を行う上での安全性や公平性を保つために，必要に応じて用具を工夫すること，ルールを変更することに特徴がある。また，パラリンピックにおける最も特徴的な仕組みに「クラス分け」がある。障害には部位や程度によって運動能力に差が出ることがあるため，競技における平等性を保てるよう同程度の障害のある選手同士で「クラス分け」をして競技が行われる。

（2）　デフリンピック

デフリンピックは，聴覚に障害のある「ろう者」の国際的なスポーツ大会である。パラリンピックと同様に4年に1度夏季と冬季に大会が開

催される。補聴器または人工内耳を外した状態で，聞こえが良いほうの
耳の平均が55デシベル以上の聴覚障害者が出場できる。また，競技会場
に入ったら選手たちは試合や練習を行う際，補聴器を身に付けることが
できない。これは，選手同士が耳の聞こえない立場でプレーするという
公平性の観点を保つためである。競技ルールはオリンピックと同じであ
るが，聞こえない選手のための視覚的保障がなされた競技環境がある。
また，障害当事者であるろう者自身が大会を運営していること，参加者
が国際手話で友好を深められるところに特徴がある。

（3）　スペシャルオリンピックス

　スペシャルオリンピックスとは，知的障害のある人たちに継続的なス
ポーツトレーニングとその発表の場である競技大会の提供を使命とし，
活動を通して彼らの自立と社会参加を促進し，生活の質を豊かにするこ
とを目的とする活動である。パラリンピックと同様に4年に1度夏季と
冬季に大会が開催される。スペシャルオリンピックスの名称が複数形で
表されているのは，大会に限らず，日常的なスポーツトレーニングから
世界大会まで様々な活動が年間を通じて，世界中で行われていることを
意味している。また，頑張ったすべてのアスリートを称え，全員を表彰
するといった特徴がある。

　以上，障害者のスポーツは，障害の種類によって歴史，組織や競技大
会，取り組み方等がそれぞれ異なる（図12-2）。また，こうした障害者
スポーツの国際競技大会に出場するために，例えばパラリンピックでは
厳しい参加標準記録が設定されている。

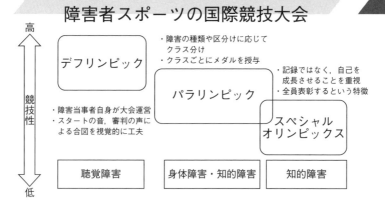

図12-2　順天堂大学「共生社会マスター」コア科目スライド『障害者スポーツ
　　　　国際競技大会』より

（4）　国内の障害者スポーツ競技会

　「ジャパンパラ競技大会」はパラリンピックや世界選手権への参加を
目指す選手が出場する大会である。そのため，標準記録が設定されたり，
国際競技大会の競技規則及びクラス分けが導入されたり，トップレベル
の選手が競い合う大会として位置づけられている。「ジャパンパラ大会」
は，6競技（陸上競技，水泳，ゴールボール，ウィルチェアーラグビー，
ボッチャ，アルペンスキー）について毎年開催されている。

　「全国障害者スポーツ大会」は，国民体育大会終了後，同じ開催地に
て毎年行われている。この大会の目的は，障害のある人たちがスポーツ
大会に参加し，スポーツを楽しむことはもちろんのこと，国民の障害に
対する理解を深め，障害のある人の社会参加を促進させることにある。
都道府県や指定都市から選考された13歳以上のすべての障害種の人々に
参加資格がある。

3．パラリンピック・ムーブメント

（1）　パラリンピックの起源

　今日，障害のある人々が，それぞれの目的に応じて様々なスポーツに参加しているが，そこに至る背景にはパラリンピック・ムーブメントがある。パラリンピックの原点は，ストーク・マンデビル病院の医師であったルートヴィヒ・グットマン（Ludwig Guttmann）博士が，戦争で負傷した兵士の治療と社会復帰を目的にスポーツを取り入れ，病院内でアーチェリー大会を開催したことにあるとされる。ストーク・マンデビル競技大会と名付けられたこの大会とその取り組みは国外にも紹介され，国際競技大会となり，これがのちのパラリンピックへと発展していく。つまり，パラリンピックの起源は障害者の戦傷者へのリハビリテーションにあるとされている。グットマンは「失われたものを数えるな。残されたものを最大限に活かせ」という名言を残したが，その言葉は今も世界中の障害者スポーツ関係者を勇気づけている。ストーク・マンデ

図12-3　グッドマン博士の肖像画と著者
（英国・ストーク・マンデビル病院にて）

ビル病院の正面玄関には，グットマン博士の功績をたたえ肖像画及び博士の言葉「If I ever did one good thing in my medical career, it was to introduce sport into the rehabilitation of disabled people」が掲げられている（図12-3）。

　さて，1964年はオリンピック東京大会が開催された年だが，同時期に第2回ストーク・マンデビル競技大会も東京にて行われた。これがのちに第2回パラリンピックと呼ばれるようになった。翌年の1965年には日本身体障害スポーツ協会が設立されるなど，パラリンピックの開催が我が国の障害者スポーツの普及・振興に大きな役割を果たした。

（2）　パラリンピックの理念と障害者スポーツの可能性

　パラリンピックのシンボルマークは「スリー・アギトス」と呼ばれている。アギトスとは，ラテン語で「私は動く」という意味である。中心を取り囲むように位置する3色の曲線は「選手の動き」を象徴したもので，世界中から選手を集わせるというパラリンピック・ムーブメントの役割を強調したものになっている。なお，シンボルマークに使われている赤，青，緑の3色は，世界の国旗で最も多く使用されている3色ということで採用されている（図12-4）。

　パラリンピックの理念はスポーツを通してよりインクルーシブな社会をつくることにある。インクルーシブ社会とは，私たち一人ひとりが多様であることを前提として，性別，人種，国籍，出身地，社会的地位，そして障害の有無等，持っている属性によって排除されずに，適切な配慮のもと地域であたりまえに生活することができる社会のことである。しかしながら，私たちが暮らす社会ではこのインクルーシブ社会が実現されているとは言い難い面が多々ある。

　人それぞれに生じる困難や障害を取り除くための個別に行われる調整

パラリンピックの理念

目標
スポーツを通してよりインクルーシブな社会をつくること

4つの価値
Courage（勇気）
Determination（決意）
Inspiration（インスピレーション）
Equality（平等）

シンボルマーク：スリーアギトス
「私は動く」という意味。困難なことがあっても諦めず
に限界に挑戦し続けるパラリンピアンを表現している
（日本語 I'm Possible より）

図12- 4　順天堂大学「共生社会マスター」コア科目スライド『パラリンピック
　　　　の理念』より

図12- 5　合理的配慮：スポーツでの適用例（ゴールボールでは，音が出るボール
　　　　やラインに凸凹を入れたりして視覚情報以外を使う）

や変更・支援のことを「合理的配慮」というが，障害者スポーツでは本
章の「国内外の障害者スポーツ競技大会」でも述べたように，平等な条
件で誰もがスポーツを楽しみ，競技が行われるよう「ルールの変更」，
「道具の工夫」，「クラス分け」といった合理的配慮が実施されている
（図12- 5）。
　また，例えば車椅子テニスのニューミックスと呼ばれる競技のように，

車椅子と立位のプレイヤーがミックスダブルスを組むこともある等，スポーツでは「インクルーシブ」が可能になっている場面がある。その意味では，障害者スポーツはインクルーシブな社会を考えていくうえで可能性を秘めている。

（3） オリンピック・パラリンピック教育

　オリンピック・パラリンピック教育（以下，オリパラ教育）とは，オリンピックやパラリンピックの理念について学ぶとともに，それらの価値を体験的に教えていこうとする教育的活動のことである。オリンピックやパラリンピックを題材にして，障害を通じたスポーツへの主体的な参画の定着と拡大を目指している。2017年（平成29年），2019年（平成31年）に告示された学習指導要領においてもオリパラ教育に関する内容が明記され，現在様々な実践が展開されている。平素，スポーツへの関わりが少ない障害のある子どもたちが，スポーツを「する」，「見る」，「支える」等，幅広い視点で様々な体験をすることは生涯スポーツを考

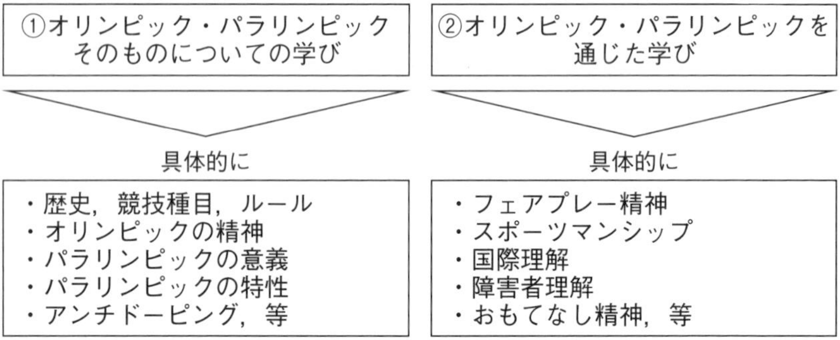

```
┌──────────────────────────┐   ┌──────────────────────────┐
│ ①オリンピック・パラリンピック │   │ ②オリンピック・パラリンピックを │
│   そのものについての学び      │   │     通じた学び              │
└──────────────────────────┘   └──────────────────────────┘
           具体的に                      具体的に
┌──────────────────────────┐   ┌──────────────────────────┐
│ ・歴史，競技種目，ルール        │   │ ・フェアプレー精神           │
│ ・オリンピックの精神           │   │ ・スポーツマンシップ          │
│ ・パラリンピックの意義         │   │ ・国際理解                  │
│ ・パラリンピックの特性         │   │ ・障害者理解                │
│ ・アンチドーピング，等         │   │ ・おもてなし精神，等          │
└──────────────────────────┘   └──────────────────────────┘
```

図12-6　オリンピック・パラリンピック教育

（出典：スポーツ庁「オリンピック・パラリンピック教育の推進に向けて最終報告」，2016を基に著者作図）

えていく上でも重要な意義を持つといえる。また，障害者スポーツを普通教育の体育授業に取り入れるような実践もみられる。多様性を重視しながら行える障害者スポーツは，体力や運動能力などの異なる様々な子どもたちが，一緒に楽しめる体育授業の教材として注目されている。

4．まとめ

　本章では，障害者とスポーツの関係について触れ，パラリンピック等の障害者スポーツの競技大会等を紹介し，それらが障害者自身や社会にもたらす影響について解説してきた。我が国における障害者スポーツへの期待は非常に高い。障害者スポーツの本来の魅力を伝えながら，社会を変えていこうという考え方「パラリンピック・ムーブメント」は，インクルーシブ社会（共生社会）を実現していくうえで重要な示唆を与えてくれるものである。

参考文献

1．内閣府．令和2年度版障害者白書，勝美印刷，2020.
2．渡正．障害者スポーツの臨界点―車椅子バスケットボールの日常的実践から―，新評論，2012.
3．藤田紀昭．障害者スポーツの環境と可能性，創文企画，2013.
4．菅野敦，橋本創一，小島道生．成人期ダウン症者の理解とサポート実践プログラム　ダウン症者とその家族でつくる豊かな生活，福村出版，2015.
5．笹川スポーツ財団　平成27年度スポーツ庁『地域における障害者スポーツ普及促進事業（障害者のスポーツ参加促進に関する調査研究)』報告書，2016.
6．独立行政法人国立特別支援教育総合研究所，平成29年度文部科学省『障害者の生涯学習活動に関する実態調査』報告書，2018.
7．渡邉貴裕，橋本創一，霜田浩信，他編著．知的障害／発達障害／情緒障害の教育支援ミニマムエッセンス，福村出版，2021.

8．日本パラリンピック委員会

　https://www.jsad.or.jp/paralympic/what/index.html（参照日2021年 2 月22日）

9．全日本ろうあ連盟スポーツ委員会デフリンピック紹介パンフレット

　https://www.jfd.or.jp/sc/files/deaflympics/deaflympics2018.pdf（参照日2021年 2 月22日）

10．スペシャルオリンピックス日本公式サイト

　https://www.son.or.jp/about/index.html（参照日2021年 2 月22日）

11．公益財団法人日本障がい者スポーツ協会

　https://www.jsad.or.jp/（参照日2021年 2 月22日）

12．市川宣恭．身体障害者のスポーツ　ルートヴィッヒ・グッドマン，医歯薬出版，1983．

13．渡邉貴裕．日本における障害者スポーツ推進に向けた取り組み，発達障害研究，40(3): 237-245, 2018.

13 | 特別支援教育と学校体育

渡邉貴裕

《目標＆ポイント》 学校体育の充実は生涯スポーツの発展に大きな役割を果たす。障害がある子どもの体育・健康に関する指導は，特別支援教育の制度下において，教育課程全体を通じて行われている。本章では，特別支援学校（知的障害）の保健体育科の目標や指導内容，指導計画等を概説し，障害のある子どもへの体育・スポーツ指導の実際について理解することを目指す。

《キーワード》 特別支援教育，特別支援学校，知的障害，保健体育科

1. 特別支援教育の理念と仕組み

（1） 特別支援教育とは

特別支援教育とは，「障害のある幼児児童生徒の自立や社会参加に向けた主体的な取組を支援するという視点に立ち，幼児児童生徒一人一人の教育的ニーズを把握し，その持てる力を高め，生活や学習上の困難を改善又は克服するため，適切な指導及び支援を行うもの」（中央教育審議会，2005）である。

また，「現在，小・中学校において通常の学級に在籍するLD・ADHD・高機能自閉症等の児童生徒に対する指導及び支援が喫緊の課題となっており，『特別支援教育』においては，特殊教育の対象となっている幼児児童生徒に加え，これらの児童生徒に対しても適切な指導及び支援を行うものである」（中央教育審議会，2005）とされている。

（2）　特別支援教育の対象となる幼児・児童・生徒

　特別支援教育の対象となる幼児児童生徒数は年々増加しており，2017（平成29）年5月1日現在，義務教育段階の児童生徒のうち，0.7％が特別支援学校の小学部・中学部において教育を受けている。また，2.4％の児童生徒が小学校・中学校の特別支援学級で，1.1％の児童生徒が通級による指導を受けている。これらを合算すると約42万人となり，義務教育段階の児童生徒の約4.2％にあたる（文部科学省，2018）。特に文部科学省が2012年（平成24年）に実施した調査では，公立の小・中学校において発達障害の可能性のある児童生徒が6.5％程度の割合で通常の学級に在籍していることも報告されている（図13-1）。また，小・中学校のみならず高等学校や幼稚園等においても，特別支援教育を推進していく必要がある。

（3）　特別支援教育を推進するための仕組み

　特別支援教育の対象となる幼児児童生徒の学びの場としては，特別支援学校，特別支援学級，通級指導教室（通級による指導）に加え，特別な教育的支援を必要とする子どもたちが在籍している幼稚園・小学校・中学校・高等学校などの通常の学級があげられる。

　こうした学びの場において特別支援教育を推進していくためには，教職員が協力しながら組織的に支援していくための仕組みを整えていくことが重要とされており，具体的には校内委員会の設置，特別支援教育コーディネーターの指名，個別の教育支援計画・個別の指導計画の策定などがあげられる。

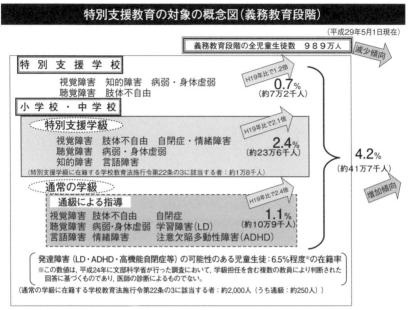

図13-1　特別支援教育の対象の概念図（義務教育段階）

(出典：文部科学省，2018)

2. 特別支援学校の教育

（1）　特別支援学校とは

　特別支援学校は，学校教育法に次のように規定されている。

「特別支援学校は，視覚障害者，聴覚障害者，知的障害者，肢体不自由者又は病弱者（身体虚弱者を含む。以下同じ。）に対して，幼稚園，小学校，中学校又は高等学校に準ずる教育を施すとともに，障害による学習上又は生活上の困難を克服し自立を図るために必要な知識技能を授けることを目的とする」（学校教育法第72条）。

　ここでは5つの障害が対象としてあげられているが，単一の障害を対

象とする特別支援学校もあれば，複数の障害に対応した特別支援学校もある。特別支援学校は原則として，義務教育である小学校及び中学校にあたる小学部及び中学部を置かなければならない。また，幼稚園にあたる幼稚部や高等学校にあたる高等部が設置されている場合もある。さらに障害が重度であったりするなどの理由による特別支援学校への通学が困難な児童生徒に対しては，教員が家庭や病院などに出向き指導をする訪問教育も行われている。特別支援学校の種類別学校数・児童生徒数を図13-2に示す。

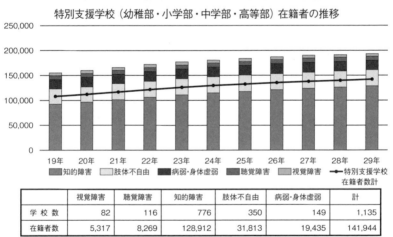

	視覚障害	聴覚障害	知的障害	肢体不自由	病弱・身体虚弱	計
学 校 数	82	116	776	350	149	1,135
在籍者数	5,317	8,269	128,912	31,813	19,435	141,944

※注：在籍者数は,平成18年度までは在籍する学校の障害種別により集計していたため,複数の障害を有する者については,在籍する学校の障害種以外の障害について集計していない。平成19年度より,複数の障害種に対応できる特別支援学校制度へ転換したため,複数の障害を有する者については,障害種のそれぞれに集計している。このため,障害種別の在籍者数の数値の合計は計と一致しない。
※注：学校数は,平成19年度より,複数の障害種に対応できる特別支援学校制度へ転換したため,複数の障害に対応する学校については,それぞれの障害種に集計している。このため,障害種別の学校数の数値の合計は計と一致しない。

図13-2　特別支援学校種類別学校数・児童生徒数
（出典：文部科学省初等中等教育局特別支援教育課，2019）

（2）　対象とする児童・生徒と在学者数

　特別支援学校へ就学する児童生徒の障害の程度は，学校教育法施行令第22条の３で次のように定められている。この法令は，我が国において特別支援学校に入学可能な障害の程度を示すものである（表13-1）。

（3）　特別支援学校における教育の概要

　特別支援学校における教育の特徴は，小学部から中学部までの９年間

表13-1　特別支援学校の対象となる障害の程度

区分	障害の程度
視　覚障害者	両眼の視力がおおむね0.3未満のもの又は視力以外の視機能障害が高度のもののうち，拡大鏡等の使用によっても通常の文字，図形等の視覚による認識が不可能又は著しく困難な程度のもの
聴　覚障害者	両耳の聴力レベルがおおむね60デシベル以上のもののうち，補聴器等の使用によっても通常の話声を理解することが不可能又は著しく困難な程度のもの
知　的障害者	1．知的発達の遅滞があり，他人との意思疎通が困難で日常生活を営むのに頻繁に援助を必要とする程度のもの 2．知的発達の遅滞の程度が前号に掲げる程度に達しないもののうち，社会生活への適応が著しく困難なもの
肢　体不自由者	1．肢体不自由の状態が補装具の使用によっても歩行，筆記等日常生活における基本的な動作が不可能又は困難な程度のもの 2．肢体不自由の状態が前号に掲げる程度に達しないもののうち，常時の医学的観察指導を必要とする程度のもの
病弱者	1．慢性の呼吸器疾患，腎臓疾患及び神経疾患，悪性新生物その他の疾患の状態が継続して医療又は生活規制を必要とする程度のもの 2．身体虚弱の状態が継続して生活規制を必要とする程度のもの

（出典：学校教育法施行令第22条の３を基に著者作表）

（高等部の３年間を加えると12年間）の一貫性・系統性のある教育が行われることである。特別支援学校の教育課程には，障害のある幼児児童生徒について，その障害による学習上または生活上の困難を主体的に改善・克服するために必要な知識，技能，態度及び習慣を養い，もって心身の調和的発達の基礎を培うことをねらいとする「自立活動」という領域が設けられている。また，各教科の指導にあたっては，個々の児童生徒の実態を的確に把握し，「個別の指導計画」を作成することが学習指導要領に示されている。特に，学校教育法施行規則第130条第２項では，「知的障害者である児童若しくは生徒又は複数の障害を併せ有する児童若しくは生徒を教育する場合において特に必要があるときは，各教科，道徳科，外国語活動，特別活動及び自立活動の全部又は一部について，合わせて授業を行うことができる」と規定している。この各教科等を合わせた指導では，「日常生活の指導」「遊びの指導」「生活単元学習」「作業学習」といった，具体的で実際的な活動を通して効果的な学習を展開することを指向している。

3. 学習指導要領からみた保健体育科の役割

（1） 学習指導要領と「生きる力」

　学習指導要領とは，全国どこの学校でも一定の水準が保てるよう，文部科学省が定めている教育課程（カリキュラム）の基準のことである。2017年（平成29年），2019年（平成31年）にそれぞれ告示された特別支援学校幼稚部教育要領，小学部・中学部学習指導要領及び高等部学習指導要領（以下，「学習指導要領」）では，幼児児童生徒の「生きる力」の育成をより一層重視する観点から改正が行われている。

　「生きる力」とは，変化の激しい社会を担う子どもたちに身に付けさせたい「確かな学力」，「豊かな人間性」，「健康と体力」の３つの要素か

らなる力である。特に「健康と体力」は，人間活動の源であり，生きる力を支える重要な要素である。

（2）　特別支援学校における体育・健康に関する指導

　学習指導要領の第1章総則第2節教育課程の編成では，学校における体育・健康に関する指導について，「生徒の発達段階を考慮して，学校の教育活動全体を通じて適切に行う」としている。特に，「学校における食育の推進並びに体力の向上に関する指導，安全に関する指導及び心身の健康の保持増進に関する指導については，保健体育科，家庭科及び特別活動の時間はもとより，各教科・科目，総合的な探求の時間及び自立活動（知的障害者である生徒に対する教育を行う特別支援学校においては，各教科，道徳科，総合的な探求の時間及び自立活動）などにおいてもそれぞれの特質に応じて適切に行うよう努めること」とされている。特別活動との関連においては，部活動の意義についても触れられており，「学校教育の一環として，教育課程との連携が図られるよう留意すること」と述べられている。

（3）　保健体育科の目標

　特別支援学校の保健体育科の目標について中学部を例にみていく。中学部段階では「体育や保健の見方・考え方を働かせ，課題を見付け，その解決に向けた学習過程を通して，心と体を一体として捉え，生涯にわたって心身の健康を保持増進し，豊かなスポーツライフを実現するための資質・能力を育成すること」を目指している。例えば，体育の見方・考え方とは，「運動やスポーツを，その価値や特性に着目して，楽しさや喜びとともに体力の向上に果たす役割の視点から捉え，自分の適性等に応じた『する・みる・ささえる・知る』の多様な関わり方と関連付け

ること」である。また，「保健の見方・考え方」とは，「個人及び社会生活における課題や情報を，健康や安全に関する原則や概念に着目して捉え，疾病等のリスクの軽減や生活の質の向上，健康を支える環境づくりと関連付けること」としている。

（4） 保健体育科の指導内容及び指導計画

ここでは体育の指導を中心に取り上げていく。上記の資質能力を育成するにあたっては，①体を動かすことで，情緒面や知的な発達を促していくこと，②集団活動等を通してコミュニケーションの力を伸ばしていくこと，③筋道を立てて練習や作戦を考えたり，改善の方法を友達と話し合ったりする力を育んでいくことが大切である。指導内容として例えば高等部では以下のように整理されている（表13-2）。これらの内容について，オリンピック・パラリンピックとも関連（例えば，フェアプレイ精神について学ぶ等）させて取り扱うこととされている。

特別支援学校において体育・健康に関する指導，運動やスポーツ等の身体活動を伴う教育活動は，上述のように体育科，保健体育科の他，様々な教科・領域において行われている。そのため，どの教科，領域において，何の学習が行われているかといった全体像を把握し，教育の目的や目標の実現に必要な教育内容等を教科横断的な視点で組み立てていくことが大切である。また，学年及び学部間の指導の連続性等を踏まえ指導計画を立てていくことも重要である。

表13-2 保健体育科（高等部）の指導内容

A	体つくり運動	B	器械運動	C	陸上運動
D	水泳運動	E	球技	F	武道
G	ダンス	H	体育理論	I	保健

（5） 保健体育科の指導上の留意点

　特別支援学校知的障害・発達障害・情緒障害児への体育・保健体育の指導では，児童生徒の障害特性や心身の発達段階を踏まえ，以下の点を留意しながらすすめていく。

① 　やるべきことがわかりやすい活動であること
② 　児童生徒の実態に合わせた用具が準備されていること
③ 　仲間と協力したり，関わり合えたりする場面が設定されていること
④ 　上達したことを本人にわかりやすく伝え，意欲や自信を育てること
⑤ 　安心で安全な環境の中で思い切り体を動かすことができること

　特に，体育の指導では，求められている運動や動作を児童生徒にどのように理解させ，「うごき」をつくっていくかが大切なポイントとなる。図13-3のように支援のレベル（介入度）を個々に調節しながら指導をすすめていく。言語教示の際には，①内容を絞って，②具体的で平易な表現で，③ゆっくり丁寧に，繰り返し，④言葉だけではなく，実物や写

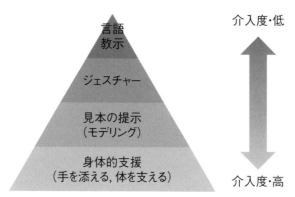

図13-3　うごきをつくるための支援

真，絵カードを使って，⑤言葉に具体的な動作も合わせて，⑥一つひとつ手順を追って，⑦聞き直して，理解したかどうかを確認して，⑧可能な範囲で個別化または小グループ化して，⑨名前を呼ぶなどして，注意を向けて，⑩あいまいな表現を避けて，といった点を意識するとよい。

4. 特別支援学校（知的障害）における保健体育科の指導の実際

（1）知的障害のある児童・生徒の実態

　少子化が叫ばれているなか，知的障害児の児童生徒数は年々増加の一途をたどっている。特別支援学校種別学校数としては知的障害が最も多い（図13-2）。知的障害とは，同年齢の子どもと比べて，「認知や言語などにかかわる知的機能が著しく劣り，他人との意思の交換，日常生活や社会生活，安全，仕事，余暇利用などについての適応機能も不十分であるので，特別な支援や配慮が必要な状態」とされている。また，その状態は，環境的・社会的条件で変わる可能性がある。

　知的機能と適応機能に困難さがあることにより，以下の障害特性がみられる。

① 発達特性（様々な発達領域で広く獲得が遅れる，抽象的概念の獲得や記憶力の制限等）

② 行動特性（受動性，依存性，低い自己評価等）

③ 学習上のつまずき（得た知識が断片的になりやすい，成功体験が少ない，抽象的な内容による指導の効果が薄い等）

　こうした障害特性は当然のことながら運動発達にも制約をもたらす。知的障害のある子どもの場合，そうでない子どもと比して体力・運動能力が劣っていることが指摘されている。

（2）　体つくり運動

　以下は，特別支援学校（知的障害）高等部における保健体育科の年間指導計画の例（表13-3）である。多くの学校において年間を通じて体つくり運動が行われており，心身の健康と体力の向上を目指した指導が展開されている。

　一般に，知的障害のある児童生徒は自身の健康への意識が低いとされている。そのため，健康や体力についての実態把握を行い，動機づけを行ったうえで運動に取り組んでいく必要がある。休日や卒業後の生活につなげるため，自己管理を行うための教材開発（図13-4）とその活用が求められる。

　体力づくりを考える際，単に活動量を増やすことを目的とするのではなく，生徒が自身に必要な運動は何かを考え，在学中はもとより卒業後も自ら主体的に運動に取り組むことができるようになることを目標として，教育課程に位置づけ実践を行う。体力とは，持久力のみならず筋力，瞬発力，調整力等の要素も指す。特に知的障害児の場合には運動発達において不均衡を示すため，それらを改善するという意味でも，1つの体力要素に偏ることなく調和的に向上させていくことが重要である。

表13-3　保健体育科（高等部）の年間指導計画

1学期	2学期	3学期
・陸上競技 ・体つくり運動 　（体の柔らかさを高める運動）	・体つくり運動（巧みな動きを高める運動） ・キックベース ・サッカー ・パラリンピック種目	・器械運動 ・ニュースポーツ ・バドミントン ・保健
ラジオ体操・体つくり運動（体力を高める運動）　　　　※年間を通して		

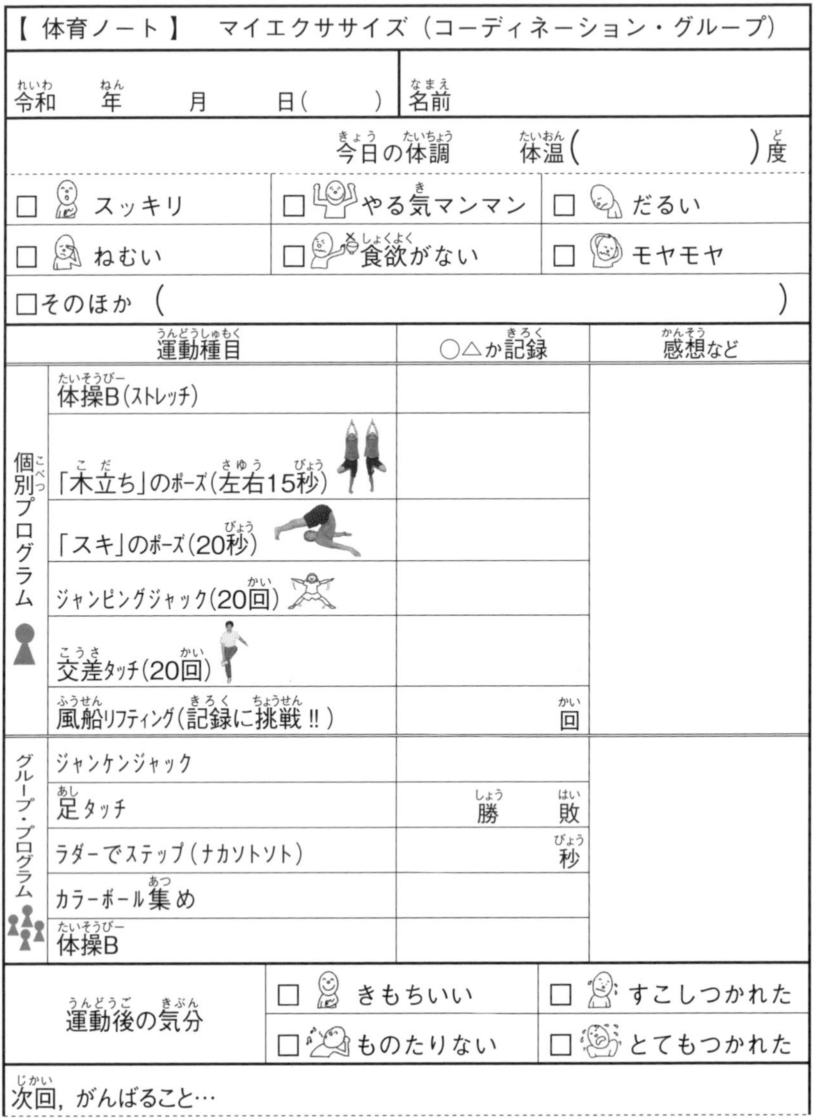

【体育ノート】 マイエクササイズ（コーディネーション・グループ）

令和　年　月　日（　）　名前

今日の体調　体温（　　　）度

□ 😀 スッキリ　　□ 🙆‍♂️ やる気マンマン　　□ 😫 だるい

□ 😴 ねむい　　□ 🙅 食欲がない　　□ 😵 モヤモヤ

□そのほか（　　　　　　　　　　　　　　　　　）

運動種目	○△か記録	感想など
個別プログラム	体操B（ストレッチ）		
	「木立ち」のポーズ（左右15秒）		
	「スキ」のポーズ（20秒）		
	ジャンピングジャック（20回）		
	交差タッチ（20回）		
	風船リフティング（記録に挑戦!!）	回	
グループ・プログラム	ジャンケンジャック		
	足タッチ	勝　敗	
	ラダーでステップ（ナカソトソト）	秒	
	カラーボール集め		
	体操B		

運動後の気分
□ 😊 きもちいい　　□ 😄 すこしつかれた
□ 😣 ものたりない　　□ 😵 とてもつかれた

次回，がんばること…

図13-4　個別の教材（「体育ノート」）の書式例

（3）　ボールを使った運動やゲーム／球技

　ボールを使った運動やゲーム，そして球技の指導に困難さを感じている学校は多い。特に「低年齢段階で投げる，捕るといった運動技能が未収得であること」「投げる，捕るといった運動技能への実態把握が不十分であること」「知的障害児への指導方法が蓄積されていないこと」「小学部から高等部までの指導について一貫性が無いこと」等が課題とされている。球技における発達段階表やチェックリストの作成，学部間の連携による指導計画の作成，投動作獲得のための指導法の検討等が各学校で検討され実践されている。以下の図表は実際に特別支援学校において作成・活用されている発達段階表やチェックリスト，指導法の一例である（図13-5，表13-4，図13-6）。

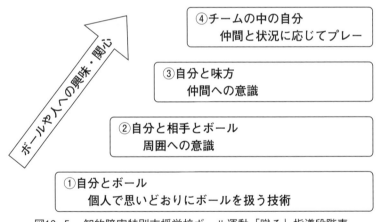

図13-5　知的障害特別支援学校ボール運動「蹴る」指導段階表

（出典：牛尾・渡邉，2013）

表13-4　知的障害児童生徒の投動作評価のためのチェックリスト

視線	1.	投げるほうを見ない
	2.	投げるほうを見ている
腕	3.	使わない（つかむ・はなすのみ）
	4.	体の前面でのみ動かす（手首が耳の横まで）
	5.	腕を伸ばしたまま横に振る
	6.	ひじが真上に持ち上がる（手首は頭の後ろ）
	7.	ひじを斜め後ろに引く
	8.	自然に肩を中心とした回転が起こる
足	9.	歩く（歩き続ける），座る
	10.	両足を揃えて立つ
	11.	投げる手の側の足を前に出す
	12.	投げる手の側と反対の足を前に出す
	13.	片足が持ち上がるステッピングがある
体重移動	14.	ない
	15.	上体だけ前に倒す
	16.	重心が後ろにある足から前の足へ移動する
体幹の	17.	なし
ひねり	18.	ある

（出典：橋本・渡邉，2009）

5. まとめ

　本章では，特別支援教育について概観し，そのうえで特別支援学校（知的障害）の保健体育科の指導について解説してきた。障害のある子どもへの保健体育科の指導は，特別支援教育の専門性（各障害種の児童生徒の心理・生理・病理，教育課程，指導法等）と保健体育科の専門性（スポーツ医科学，発育発達，健康教育等）の両方をもってあたることが，「生涯にわたって心身の健康を保持増進し，豊かなスポーツライフを実現する」うえでも重要である。

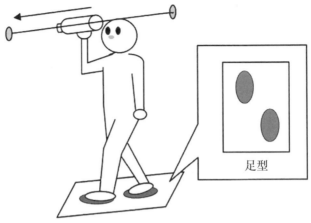

図13-6　ボール以外の物（「ペットボトル・ロケット」）を
用いた投動作の指導例

（出典：橋本・渡邉，2009）

参考文献

1．中央教育審議会．特別支援教育を推進するための制度の在り方について（答申），2005．
2．文部科学省．特別支援教育の現状，2018．
　https://www.mext.go.jp/kaigisiryo/2019/09/__icsFiles/afieldfile/2019/09/24/1421554_3_1.pdf（参照日2021年2月22日）
3．文部科学省．通常の学級に在籍する発達障害の可能性のある特別な教育的支援を必要とする児童生徒に関する調査結果について，2012．
　https://www.mext.go.jp/a_menu/shotou/tokubetu/material/__icsFiles/afieldfile/2012/12/10/1328729_01.pdf（参照日2021年11月10日）
4．橋本創一，三浦巧也，渡邉貴裕，他編著．教職課程コアカリキュラム対応版　キーワードで読み解く　特別支援教育・障害児保育＆教育相談・生徒指導・キャリア教育，福村出版，2020．
5．渡邉貴裕，橋本創一，霜田浩信，他編著．知的障害／発達障害／情緒障害の教育支援ミニマムエッセンス，福村出版，2021．

6．文部科学省．特別支援学校学習指導要領解説各教科等編（小学部・中学部），2018.

7．文部科学省．特別支援学校学習指導要領解説総則等編（高等部），2019.

8．渡邉貴裕，鈴木宏哉，広沢正孝，他．知的障害特別支援学校における学校体育に位置付けた肥満予防のプログラム開発とその効果の実証，発達障害研究，38(4)：439-453，2016.

9．橋本創一，渡邉貴裕．知的障害児の投動作の発達過程とその援助に関する実践的研究，特殊教育学研究，47(1)：61-68，2009.

10．牛尾眞一郎，渡邉貴裕．知的障害特別支援学校ボール運動「蹴る」指導段階表，平成25年度千葉県長期生研修生（特別支援教育）研究報告集，2013.

11．古川文彦，渡邉貴裕．知的障害特別支援学校高等部におけるオリンピック・パラリンピック教育の授業づくり，平成28年度千葉県長期研修生（特別支援教育）研究報告集，2016.

14 | 生活習慣病と運動

| 小林裕幸

《目標＆ポイント》　生活習慣病は，食事，身体活動，喫煙，飲酒，睡眠習慣がその発症，進行に関与する疾患群で，糖尿病，心疾患の他，認知症や大腸がんなど多岐にわたる。身体活動には，運動の他，普段の生活に伴う生活活動があり，身体活動の強度を表す単位としてメッツを，身体活動量を表す単位としてメッツ・時を用いる。身体活動量の低下が，多くの生活習慣病のリスクとなり，死亡率を上昇させる。全身持久力の向上のため，年齢に応じて，身体活動量を増やすことが生活習慣病予防のため必要である。
《キーワード》　生活習慣病，身体活動，生活活動，運動，メッツ，メッツ・時，全身持久力

1.　生活習慣病とは

　生活習慣病とは，厚生労働省により「食習慣，運動習慣，休養，喫煙，飲酒等の生活習慣が，その発症・進行に関与する疾患群」と定義されている。生活習慣には，食事，飲酒，喫煙，運動，睡眠などがある。これらについて望ましくない習慣がひとつまたは複数が関与した場合，いわゆる生活習慣病が起こる可能性が高くなる。食事の習慣が誘因でおこる疾患としては肥満，栄養失調症，拒食症，糖尿病，胃がん，大腸がん，痛風，脂質異常症，高血圧，動脈硬化症，腎臓結石，心筋梗塞，胃潰瘍，慢性腎臓病，肝疾患，骨粗鬆症，歯周病など多岐にわたる。飲酒の習慣による疾患としては脂肪肝，アルコール性肝炎，肝硬変などがあり，喫煙の習慣による疾患としては肺がんなどを代表とする各種のがん，慢性

気管支炎，肺気腫，歯周病，脳梗塞，虚血性心疾患などがある。運動の習慣がない（運動不足）ことによりおこる疾患としては肥満症，糖尿病，脂質異常症，高血圧，大腸がん，乳がん，認知症，ロコモティブシンドロームなどがある。また，近年，睡眠時のいびきがひどい，しばらく呼吸が止まる無呼吸があり，睡眠時無呼吸症候群が多く存在していることが明らかにされ，虚血性心疾患，心不全，脳卒中，糖尿病，高血圧，認知症など多くの疾患に関与していることが知られている。

2. 生活習慣と糖尿病，肥満

代表的な生活習慣病である糖尿病を例にとると，糖尿病は戦後最も増加した疾患の1つであり，戦後約40倍に増加した。2019年「国民健康・栄養調査」によると，「糖尿病が強く疑われる」人の割合は，男性19.7%，女性10.8% であり，2009年以降でも，男女とも最も高い割合で推移し

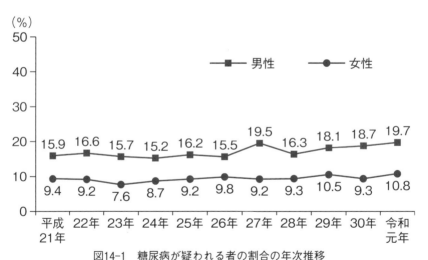

図14-1　糖尿病が疑われる者の割合の年次推移
（出典：厚生労働省，令和元年国民健康・栄養調査結果の概要，2020）

（図14-1），成人国民の約6人から7人に1人が糖尿病またはその疑いがあることになる。また，肥満者（BMI ≧25kg/m²）の割合は，男性33.0%，女性22.3% と報告され，女性では有意な増減は見られないものの，男性では平成25年以降，肥満の割合が増加している。一方，運動習慣のある者の割合（1回30分以上の運動を週2回以上実施しかつ一年以上継続）は，男性33.4%，女性25.1% であり，男性の約3人に2人，女性の約4人に3人には運動習慣がないことが報告されている。運動習慣のある割合を年代別にみると，男性では，40歳代が18.5% と最も低く，65歳以上の平均41.9% に対し，20歳から64歳までの平均は23.5% であり，働き世代の運動不足が顕著である（図14-2）。また，女性では，30歳代が9.4% と最も低く，65歳以上の平均33.9% に対し，20歳から64歳までの平均は16.9% であり，同様の傾向である。日本における糖尿病の急増は，食生活の変化による肥満の増加や運動不足による身体活動量の低下と密接な関連があり，生活習慣の変化に伴い増加している代表的な疾患であるといえる。

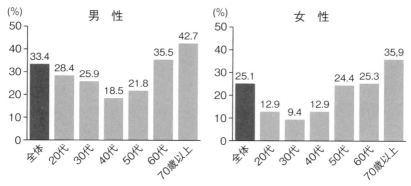

図14-2　運動習慣のある者の割合（20歳以上）
（出典：厚生労働省，令和元年国民健康・栄養調査結果の概要，2020）

3. 身体活動の定義・強度（メッツ）・活動量
（メッツ・時）

（1）　身体活動とは

　身体活動とは，安静にしている状態と比較し，筋を動かして安静時より多くのエネルギーを消費するすべての動きのことを言う（図14-3）。運動は，身体活動の一部であり，体力の維持・向上を目的として，計画的・意図的に実施するものを言う。各種スポーツやウォーキング，体操，ストレッチング，太極拳などが含まれる。一方，生活活動とは，運動以外の身体活動で，職業活動，家事などがあり，歩行での通勤，買い物，掃除，洗濯，炊事，子どもとの公園遊び，介護，庭仕事，洗車，荷物運びなどが含まれる。

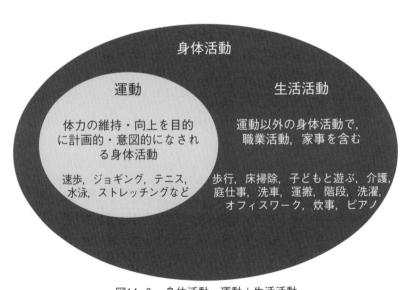

図14-3　身体活動＝運動＋生活活動
（出典：厚生労働省，健康づくりのための運動指針2006より著者改変）

（2）　身体活動の強度を表す単位（メッツ）

　身体活動の強さは，実際の活動によりどれくらいのエネルギー消費（酸素消費）をしているかを計測して，時間あたりのエネルギー消費率として正確に算出することが可能であるが，簡易的に，安静に座っているエネルギー代謝率を1メッツ（MET：metabolic equivalent，代謝当量）と定義して，その身体活動が安静時の何倍に相当するかの単位，メッツ（METs）を用いて身体活動の強度を表現する。例えば，ふつうの速度（約4km/時）の歩行によるエネルギー消費率は，座位安静時の約3倍と概算され，3メッツの身体活動の強さに相当し，速歩きは4メッツに相当する。各種の運動や生活活動の身体活動の強度を図14-4に示す。

（3）　身体活動量の単位（メッツ・時）

　身体活動の量とは，活動により，合計どれくらいのエネルギーが消費されたかであるが，計算上，上記で述べた身体活動の強度（メッツ）に実施時間（時）をかけることで，身体活動量を概算できる。単位として，「メッツ・時」を用いる。例えば，速歩き（4メッツ）の運動を15分（0.25時間）行った場合の身体活動量は

$$4 メッツ \times 0.25時間 = 1 メッツ・時$$

となる。図14-5は1メッツ・時の身体活動量に相当する運動や生活活動の種目と時間を表している。ウォーキングを60分（3メッツ×1時間）行った場合と，軽いジョギングを30分（6メッツ×0.5時間）行った場合では，3メッツ・時で同じ身体活動量となる。

図14-4　身体活動の種類とメッツ
（出典：厚労省，健康づくりのための運動指針2006より著者改変）

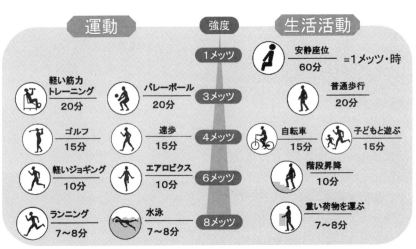

図14-5　1メッツ・時に相当する身体活動の種類と時間
（出典：厚労省，健康づくりのための運動指針2006より著者改変）

（4）　身体活動に伴うエネルギー消費量（kcal）の計算

　身体活動に伴うエネルギー消費量は，体重40kgの人と60kgの人では，同じ種目（例えば速歩き）であれば，メッツ・時で表すと同じとなる。しかしながら，体重により座って安静にしている状態のエネルギー消費量が異なるため，同じメッツ・時であっても，全体のエネルギー消費量は体重が増えるほど増加する。

　簡易換算式として，以下のように求めることができる。

$$エネルギー消費量（kcal）＝1.05×メッツ・時×体重（kg）$$

例えば，体重40kgの人が，速歩きの運動15分で消費するエネルギーは

$$1.05×4メッツ×0.25時間×40＝42kcal$$

となる。体重60kgでは63kcal，体重100kgでは105kcalとなり，身体活動の種類（歩行）や強度（速歩き）が同じであっても，エネルギー消費量が体重によって異なることが理解できる。身体活動量を表す場合は，簡易的に体重の影響を受けないメッツ・時を用いる。

4.　身体活動と死亡率

（1）　身体活動量と全死亡率

　自己申告のアンケートに基づいて活動量を概算した身体活動量と死亡率のこれまでの研究では，身体活動量が0に近い人と比較すると，1週間当たり10メッツ・時の身体活動量（週当たり速歩き150分に相当）を有する人では，死亡率が約19パーセント低下（相対危険度0.81）し，1週間当たり28メッツ・時の身体活動量（週当たり速歩き420分に相当）

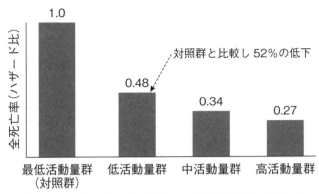

図14-6 加速度計により計測した身体活動量と全死亡率
（出典：Ekelund ら，2019より著者一部改変）

を有する人では，死亡率が約24パーセント低下（相対危険度0.76）することが報告されていた。

　さらに，Ekelund らは，加速度計を用いて精密に活動量を計測した39の研究論文を対象として，身体活動量と全死亡率の関係に関するメタ解析の研究を行った。対象は計36,383人，平均年齢62.6歳の中高年で，女性が72.8%，平均追跡期間5.8年，死亡数2,149名（5.9%）の研究である。身体活動量の違いにより4等分に分け，最低活動量群，低活動量群，中活動量群，高活動量群の4群で比較したところ，身体活動量が多いほど全死亡率を軽減する効果が認められた。最低活動量群と比較すると，低活動量群では約52%，高活動量群では約73%の全死亡率の低下を認めた（図14-6）。この死亡率低下の程度は，これまでの自己申告に基づくアンケートの身体活動量と全死亡率の研究よりさらに顕著であった。また，この研究の中で，わずかな身体活動量の増加でも，死亡率の低下が認められ，身体活動量を増やすことは，活動の期間，強度，性別，年齢にかかわらず，すべての人に有益であることが明らかにされた。

（2）　座位時間，テレビを見ている時間と全死亡率

　座位時間やテレビを見ている時間と死亡率の関係についても明らかに
なっている。図14-7の上段Aは1日あたり座位時間と死亡率を，下段
Bは1日あたりテレビを見ている時間と死亡率の危険度を1週間の身体
活動量別に，4等分に分け示している。身体活動量は週あたり，2.5メッ
ツ・時/週未満の群，16メッツ・時/週の群，30メッツ・時/週の群，35
メッツ・時/週以上の群の4つのグループに分類している。まず，上段
右の身体活動量2.5メッツ・時/週未満のグループでは，1日の座位時間
にかかわらず全体的に死亡率が危険度1.2以上と高く，さらに，そのグ
ループの中でも座位時間が1日8時間以上のグループは，危険度が1.6
と死亡率が60%も上昇し，座位時間が長いほど死亡率が上昇する傾向
であることがわかる。16メッツ・時/週のグループでも，座位時間が長

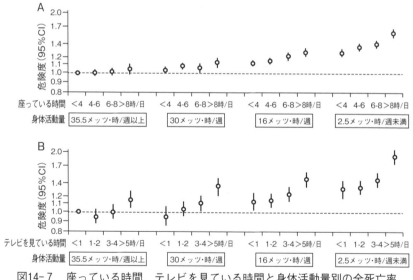

図14-7　座っている時間，テレビを見ている時間と身体活動量別の全死亡率

（出典：Ekelundら，2016より著者一部改変）

いほど死亡率が上昇する同様の傾向は見られるが，座位の時間が1日8時間以上のグループの危険度は1.3であり，2.5メッツ・時/週未満のグループの1.6より低い。35メッツ・時/週以上のグループでは，座位時間が1日8時間以上でも危険度の上昇が1.1未満でわずかな上昇であることがわかる。言い換えると，事務仕事などで日中座位時間が8時間以上であっても，その他の時間に，運動や生活活動で身体活動量が35.5メッツ・時/週以上（例：スイミングやランニングを週4時間半以上または速歩きを毎日75分以上）であれば，死亡率が抑えられると言える。

　次に，下段Bを見ると，先ほどの傾向がさらに顕著であることがわかる。身体活動量2.5メッツ・時/週未満のグループでは，全体的に死亡率が危険度1.3以上と高く，さらに，テレビを見ている時間が1日5時間以上のグループは，危険度が1.9と死亡率が90％も上昇している。つまり，運動せず，生活でも車やエレベーターを使用して体を動かすことが極めて少なく，1日のかなりの時間をソファーでテレビを見ている人は，死亡率が高くなることがわかる。この傾向は，16メッツ・時/週，30メッツ・時/週，35メッツ・時/週以上のどの身体活動量群でも，1日5時間以上のグループでみられ，座っている以上に，テレビを見ている時間が長いことが死亡率に関係していると言える。

（3）　日本人高齢者の身体活動と全死亡率

　日本人男性高齢者を対象にした静岡研究は，65歳から84歳までの10,385人を対象として，7年間にわたり追跡し，身体活動と死亡率の関係をみたコホート研究である。表14-1では，1日あたり30分以上の何らかの身体活動を週にどのくらいの頻度で行っているかで4群に分けたところ，週あたりの身体活動の頻度が高いほど，全死亡率，心血管死亡率が低くなることが示されている。これらは，病気の基礎疾患，年齢，

表14-1　日本人男性高齢者の身体活動と死亡率（静岡研究）

1日30分以上の 身体活動頻度*	全死亡率 （ハザード比：信頼区間）[†]	心血管死亡率 （ハザード比：信頼区間）[†]
なし	1.00	1.00
週1-2日	0.67（0.52-0.86）	0.53（0.33-0.83）
週3-4日	0.46（0.36-0.59）	0.44（0.29-0.68）
週5日以上	0.39（0.31-0.49）	0.35（0.23-0.51）

＊30分以上の生活，仕事，運動などの身体活動
† 年齢，性別，BMI，喫煙，アルコール，基礎疾患（脳卒中，高血圧，心疾患，糖尿病，がん，骨折，消化器疾患，肺疾患，関節疾患）で調整後

（出典：Ueshima ら，2010より著者一部改変）

性別で調整した上での差であり，日本人の高齢者においても，身体活動量が多いほど，死亡率が低いことが理解できる。

5. 身体活動とがん

　厚生労働省の人口動態統計年報によると，2018年の我が国の死因は，第1位，悪性新生物（27.4%），第2位，心疾患（15.3%），第3位，老衰（8.0%），第4位，脳血管疾患（7.9%），第5位，肺炎（6.9%）となっている。悪性新生物（がん）は1981年以来，死因の第1位となっており，国民の2人に1人以上が生涯のうちに罹患すると言われている。国立がん研究センターのがん登録の統計によると，2019年のがんによる死亡原因の部位で多いのは，男性で，肺，胃，大腸，膵臓，肝臓であり，女性では，大腸，肺，膵臓，胃，乳房の順である。一方，2017年の罹患数が多いがんの部位は，男性で前立腺，胃，大腸，肺，肝臓であり，女性では乳房，大腸，肺，胃，子宮の順である。死亡原因と罹患数の順位が一致しないのは，がんの部位により治療の効果や予後が異なるからである。

このようにがんは，我が国の健康上，重要な課題となっている。

　身体活動とがんの関係については，身体活動でがんのリスクが下がるかどうか，これまで多くの疫学的研究がなされている。身体活動に関係する可能性のあるがんの部位として，大腸，乳房，膀胱，子宮内膜，食道，胃，腎臓，肺，髄膜腫，卵巣，膵臓，前立腺，神経膠腫などがあげられている。世界的にみても，運動不足などの身体活動の低下が，がんの増加に寄与していると考えられている。

　米国スポーツ医学会は，これまで世界で報告された研究結果をメタ解析およびプール解析し，身体活動とがんの発症およびがんによる死亡について，現時点での医学的な根拠を部位別にまとめている。身体活動が，

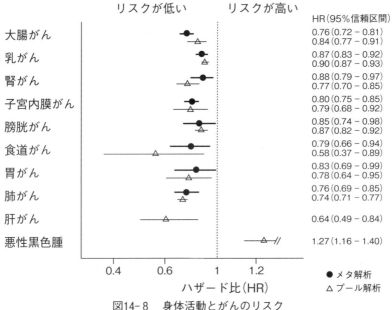

図14-8　身体活動とがんのリスク
（出典：Patel ら，2019，Moore ら，2016より著者一部改変）

がんの発症予防に有益であると明らかなのは，大腸がん，乳がん，腎がん，子宮内膜がん，膀胱がん，食道がん，胃がんである（図14-8）。また，体を動かさない時間をできるだけ減らすと，大腸がん，子宮内膜がん，肺がんのリスクが減る可能性を報告している。さらに，がんと診断される以前の時期，ならびにがんと診断された後の時期どちらでも，身体活動量が多い人は，生命予後を改善することが，大腸がんや乳がんで明らかになっている。一方，身体活動によりリスクが高くなるがんとして，皮膚がんの一種である悪性黒色腫があげられていて，身体活動に伴う太陽光の紫外線の影響と考えられている。全般としては，身体活動は，一般の人のがんの予防にも，がんを発症した人にも非常に有益であり，過度な紫外線を避けながら，年齢，体力，病気にあわせて身体活動を行うことが重要である。

6. 生活習慣病と全身持久力

（1）　全身持久力とは

　全身持久力とは，体を動かし続ける能力で，俗に「体力がある」「スタミナがある」などと表現される。運動生理学的には，酸素を取り込んで全身で使いきる能力で，最大酸素摂取量と表現される。酸素を取り込み，全身に血液を送る力で，心肺能力と密接に関係するが，取り込んだ酸素を全身の筋肉で使い消費できる能力でもある。有酸素性能力とも言い換えられる。普段から身体活動量が多い人は，この全身持久力が増加していて，全身持久力があることは，死亡率の低下とも関係していることが知られている。正確な全身持久力の測定は，トレッドミルのように，徐々に歩行速度や坂の勾配を変化させながら身体活動の負荷を増加させ，その時の心拍数の変化や酸素の取り込み能力を計測することで得ることができる。代表的な測定方法には，他に20m シャトルラン，12分間走，

踏み台昇降などがある。全身持久力の単位は，1分間，体重1kgあた
りの取り込むことのできる酸素の量（ml/kg/分）で表す。身体活動の
強度の単位である座位安静時1メッツ（MET）の酸素消費量は，約
3.5ml/kg/分であることが知られており，全身持久力をメッツの単位で
表すことが可能である。

（2） 全身持久力と全死亡率，心血管疾患有病率

　全身持久力をトレッドミルで測定し，低い持久力群（7.9メッツ未満），
中間の持久力群（7.9-10.8メッツ），高い持久力群（10.9メッツ以上）に
分けて，死亡率や，虚血性心疾患や大動脈疾患の有病率をメタアナリシ
スで解析した研究を図14-9に示した。高持久力群と比較し，低持久力
群は，全死亡率の相対危険度が約1.7と高く，すなわち死亡率70％の上
昇を認める。また，心血管疾患の有病率は，相対危険度1.4と40％の上

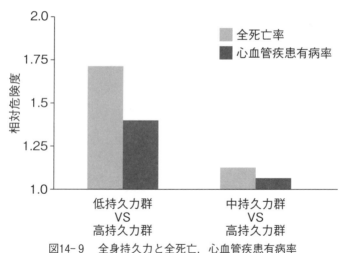

図14-9　全身持久力と全死亡，心血管疾患有病率
（出典：Kodama ら，2009より著者一部改変）

昇を認める。逆にいうと，持久力が高い高持久力群では死亡率が低く，心血管疾患有病率も低下するが，全死亡率の差70％と心血管疾患有病率の差40％には開きがあり，死亡率の差には，心血管疾患以外の他の原因があることが示唆される。高い持久力のある人では，肥満が少なく，また身体活動が多いことからインスリン抵抗性がなく，糖尿病の有病率も低く，がんのリスクも低くなると予想されるが，原因ははっきりわかっていない。高持久力群と中持久力群を比較すると，死亡率，心血管疾患有病率について，わずかに中持久力群で相対危険度が上昇するが，群の間にはほとんど違いを認めない。このことから，健康であるためには，中間以上の持久力レベル（7.9-10.8メッツ）を保つことが望まれ，心臓病を防ぎ，さらに死亡率を下げることにつながることが示唆される。

（3）　全身持久力と慢性疾患有病率

　全身持久力は心疾患以外の慢性疾患の有病率にも関連することが明らかになってきた。表14-2は，海外の中年男女の全身持久力の程度と，心疾患，脳卒中，糖尿病，慢性閉塞性肺疾患，慢性腎臓病，アルツハイマー病，大腸がん，肺がんなどの慢性疾患の有病率との関係を示している。全身持久力を男女別に5段階に分け，慢性疾患の有病率を見ると，男性で最低の持久力レベルの群（8.5メッツ未満）の有病率が28.2％であるのに対し，最高の持久力レベルの群（14.1メッツ以上）では15.6％と約半分の割合になっている。女性でも，最低の持久力群（6.4メッツ未満）の有病率が20.1％であるのに対し，最高の持久力群（11.0メッツ以上）を有する女性では11.4％と約半分である。以上より，全身持久力があると，死亡率の低下や心疾患の低下だけでなく，脳梗塞，糖尿病，認知症やがんなど，慢性疾患の有病率が低くなることがわかる。

表14-2　海外の中年男女の全身持久力の程度と慢性疾患の有病率

グループ	最低	低	中	高	最高
男性					
全身持久力	8.5 METs	9.9 METs	10.9 METs	12.0 METs	14.1 METs
対象人数	2632	2986	3209	3033	2866
慢性疾患割合(%) (95%CI)	28.2 (27.4-29.0)	22.4 (21.7-23.1)	20.1 (19.5-20.7)	17.8 (17.2-18.4)	15.6 (15.0-16.2)
罹患疾患数	4797	4376	4263	3466	2856
女性					
全身持久力	6.4 METs	7.6 METs	8.4 METs	9.2 METs	11.0 METs
対象人数	552	767	730	944	951
慢性疾患割合(%) (95%CI)	20.1 (18.7-21.6)	16.6 (15.6-17.8)	14.3 (13.2-15.4)	12.3 (11.4-13.3)	11.4 (10.5-12.3)
罹患疾患数	747	876	673	713	652

慢性疾患：心疾患，脳卒中，糖尿病，慢性閉塞生肺疾患，慢性腎臓病，アルツハイマー病，大腸がん，肺がん

（出典：Willis ら，2012より著者一部改変）

7.　身体活動と生活習慣病

（1）　生活習慣の要因別死亡者数

　身体活動量や全身持久力など，運動習慣が多くの生活習慣病に影響を及ぼすことが理解できた。それでは，生活習慣病を予防するにはどうすれば良いのだろうか。一般的には，不適切な生活習慣を早期に発見し，改善することが必要である。図14-10は，日本での死亡者数を様々なリスクの要因別にまとめている。運動不足は，喫煙，高血圧についで，3番目の要因となっている。喫煙は，がんのほか，心疾患や慢性呼吸器疾患の原因となり，死亡者数への影響が一番大きいことが分かる。その他，生活習慣に関連する要因として，高血糖，塩分の高摂取，アルコール摂

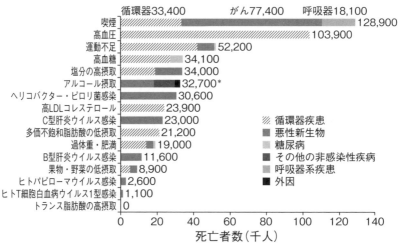

図14-10　日本人の要因別による関連死亡者数

（出典：Ikeda ら，2012より著者一部改変）

取，脂肪摂取習慣，肥満，感染症など多岐にわたっている。この図から，健康長寿を望むには，喫煙しない，食生活に気をつける，運動不足を解消する（普段から身体活動を増やす）ことが生活習慣として重要であることがわかる。

（2）　生活習慣病に対する身体活動量増加による生体の変化

　身体活動量の増加には，脂肪が燃焼し体重や腹囲が減少することで，肥満を防ぐ効果がある。また血清脂質である，中性脂肪の分解を促進し，善玉である HDL コレステロールを上昇させる。また骨格筋のインスリン抵抗性が改善し，血糖値を下げ，糖尿病の治療や予防に効果がある。循環器系では，血圧を低下させ，高血圧の治療や予防の効果があり，また虚血性心疾患の有病率を減少させることが知られている。身体活動量

の増加には，動脈の伸展性や血管内皮機能を改善する効果も認め，ロコモティブシンドロームや認知症も低減できる研究が報告されている。また，近年，肥満や身体活動低下に伴う軽度の慢性炎症が，高血圧，心疾患，脳卒中，糖尿病，がん，メタボリックシンドロームなど多種多様な慢性疾患と関連していることが明らかにされ，炎症性サイトカインである，CRP，IL-6，TNFαや，インスリン抵抗性が関与していると考えられている。この問題を解決するのは生活習慣の改善であり，食習慣の適正化を基本として，適度な身体活動を通して，体重を適正化し，持久力を高め，死亡率や有病率を下げて健康な日常を維持することが望まれる。

　具体的な，生活習慣病を予防するための運動処方については，第15章を参照されたい。

8.　まとめ

　食事，身体活動，喫煙，飲酒，睡眠習慣どれも生活習慣病に関与するが，自動車の普及，Information Technology の発達，子どものゲーム，スマートフォーンの普及により，さらに肥満が増え，生活に必要な活動が減り，努力して運動する機会を作る時代になっている。食べすぎ，禁煙，節酒に気を付けながら，普段の生活で階段や歩行で生活活動を増やすよう心がけ，時に運動する時間を確保することが求められる時代となっている。

参考文献

1．厚生労働省．国民健康・栄養調査
http://www.mhlw.go.jp/bunya/kenkou/kenkou_eiyou_chousa.html（参照日2021
年11月12日）

2．厚生労働省．「健康づくりのための運動指針 2006」
http://www.mhlw.go.jp/bunya/kenkou/undou02/pdf/data.pdf(参照日2021年11月12日)

3．厚生労働省．「健康づくりのための身体活動基準 2013」
http://www.mhlw.go.jp/stf/houdou/2r9852000002xple-att/2r9852000002xpqt.pdf
（参照日2021年11月12日）

4．国立がん研究センターがん情報サービス「がん登録・統計」（人口動態統計）
https://ganjoho.jp/reg_stat/statistics/dl/index.html（参照日2021年11月12日）

5．Ekelund U et al. Dose-response associations between accelerometry measured physical activity and sedentary time and all cause mortality: systematic review and harmonised meta-analysis. *BMJ*, 366: l4570, 2019.

6．Ekelund U et al. Does physical activity attenuate, or even eliminate, the detrimental association of sitting time with mortality? A harmonised meta-analysis of data from more than 1 million men and women. *Lancet*, 388(10051): 1302-1310, 2016.

7．Ueshima K et al. Physical activity and mortality risk in the Japanese elderly: a cohort study. *Am J Prev Med*, 38(4): 410-418, 2010.

8．Patel AV et al. American College of Sports Medicine Roundtable Report on Physical Activity, Sedentary Behavior, and Cancer Prevention and Control. *Med Sci Sports Exerc*, 51(11): 2391-2402, 2019.

9．Kodama S et al. Cardiorespiratory fitness as a quantitative predictor of all-cause mortality and cardiovascular events in healthy men and women: a meta-analysis. *JAMA*, 301(19): 2024-2035, 2009.

10．Willis BL et al. Midlife fitness and the development of chronic conditions in later life. *Arch Intern Med*, 172(17): 1333-1340, 2012.

11．Ikeda N et al. Adult mortality attributable to preventable risk factors for non-communicable diseases and injuries in Japan: a comparative risk assessment. *PLoS Med*, 9(1): e1001160, 2012.

15 | 運動処方

小林裕幸

《**目標＆ポイント**》　生活習慣病に対する身体活動（運動・生活活動）の効果は明確である一方，心疾患や糖尿病による合併症のある患者では，身体活動に伴うリスクがある。安全に，身体活動を実施する上で，留意すべき症状，疾患，状態，環境などを踏まえ，勧められる身体活動の強度を理解し，推奨される身体活動の頻度，強度，時間，種類，すなわち運動処方（FITT-VP）を理解する。
《**キーワード**》　身体活動基準，突然死，脳振盪，運動処方，FITT-VP

1. 運動処方とは

　第14章では，生活習慣病と身体活動の関係について述べた。図15-1は，身体活動による疾病予防の効果のまとめを示している。全死亡率を30％減らすほか，がん，認知症のリスクを低下させ，心疾患や糖尿病，うつ病など慢性疾患のリスクも減らすことが明らかになっている。WHO ならびに日本を含む各国々は，健康のため人々に身体活動を増やすことを推奨している。身体活動は，健康に有益である一面，運動などの身体活動を行う際には，心筋梗塞や外傷，感染症などのリスクがある。したがって，病気を予防し，また気分を良好に保つ効果のある身体活動をどのように安全に行うかを理解することは大変重要である。その際の参考となるのが，運動処方である。

　運動処方（FITT-VP）とは，身体活動（運動・生活活動）を行う人のために，身体活動の頻度（F），強度（I），時間（T），種類（T）

認知症を30%低下　全死亡率を30%低下

大腿骨頸部骨折を68%低下　冠動脈疾患を35%低下

抑うつを30%低下　大腸がんを40%低下

乳がんを20%低下　2型糖尿病を30%低下

図15-1　身体活動による疾病の予防効果

（出典：https://www.gov.uk/government/publications/physical-activity-applying-all-our-health より著者作図）

（FITT: frequency, intensity, time, type）の条件を示して，身体活動による効果を最大限に引き出し，身体活動による障害を起こさないよう，各個人の身体状況や体力に合わせて指導する身体活動基準である。例えば，運動習慣のない成人女性に，「最初はウォーキング（67m/分）を1回30分，週に3日から5日程度ではじめてください」と具体的に示すことである。加えて，1週間にどのくらいの身体活動を行ったかの身体活動量（V: volume）を把握し，運動に慣れてきた1ヶ月くらいのところでその時間を週当たり10分増やすなど，どのような進め方をするかの漸進性（P: progression）も，運動処方に含まれる大切な要素である（表15-1）。

表15-1　運動処方（FITT-VP）

項目	略：英語	意　味	解説・例
頻　度	F:Frequency	活動の頻度	週の日数，1日あたりの回数。週に3〜5日など
強　度	I:Intensity	活動の強さの目安	普通歩行3メッツ（67m/分），RPE11-13，50%HRRなど
時　間	T:Time	活動を継続する時間	1回30分など
種　類	T:Type	活動の種類	ウォーキング，ランニング，筋力トレーニングなど
活動量	V:Volume	週当たりの身体活動量	頻度×強度×時間の積。10メッツ・時/週など
漸進性	P:Progression	全体の進め方，調整	要素の調整。1ヶ月後に週当たり時間10分増やす

（出典：Bredin ら，2014より著者改変）

2. 身体活動の種類と強度

　第14章では，身体活動の強度として，安静時の何倍の強さとして表すメッツの単位について述べた。日常生活では，身体活動がどのくらいの強度か自覚せず実施されることが多い。種々の生活活動や運動について，それぞれがどのくらいの強度に当たるか，研究で詳細に調べられている（表15-2〜15-5）。このように，どのような身体活動の種類かによって，身体活動の強度を類推することができる。例えば，3.0メッツの強度に相当する生活活動としては，犬の散歩，電動アシスト付き自転車，家財道具の片付け，立位での子どもの世話，台所の手伝い，大工仕事などがあり（表15-2），同じ強度の運動としては，ボウリング，バレーボール，社交ダンス，ピラティス，太極拳がある（表15-4）。表15-3，表15-5は，3メッツ未満の軽強度の生活活動や運動の例を示している。一般には，1.5メッツ以下を座位行動（sedentary），1.6〜2.9メッツを軽強度（light），3.0〜5.9メッツを中強度（moderate），6.0メッツ以上を高強度（vigorous）としている。座位行動の定義は，「座位および臥位に

表15-2　各種生活活動のメッツ対応表（3メッツ以上，中強度～高強度）

メッツ	3メッツ以上の生活活動の例
3.0	普通歩行（平地67m/分，犬を連れて），電動アシスト付き自転車に乗る，家財道具の片付け，子どもの世話（立位），台所の手伝い，大工仕事，梱包，ギター演奏（立位）
3.3	カーペット掃き，フロア掃き，掃除機，電気関係の仕事：配線工事，身体の動きを伴うスポーツ観戦
3.5	歩行（平地75-85m/分，ほどほどの速さ，散歩など），楽に自転車に乗る（8.9km/時），階段を下りる，軽い荷物運び，車の荷物の積み下ろし，荷づくり，モップがけ，床磨き，風呂掃除，庭の草むしり，子どもと遊ぶ（歩く/走る，中強度），車椅子を押す，釣り（全般），スクーター（原付）・オートバイの運転
4.0	自転車に乗る（16km/時未満，通勤），階段を上る（ゆっくり），動物と遊ぶ（歩く/走る，中強度），高齢者や障害者の介護（身支度，風呂，ベッドの乗り降り），屋根の雪下ろし
4.3	やや速歩（平地，やや速めに＝93m/分），苗木の植栽，農作業（家畜に餌を与える）
4.5	耕作，家の修繕
5.0	かなり速歩（平地，速く＝107m/分），動物と遊ぶ（歩く/走る，活発に）
5.5	シャベルで土や泥をすくう
5.8	子どもと遊ぶ（歩く/走る，活発に），家具・家財道具の移動・運搬
6.0	スコップで雪かきをする
7.8	農作業（干し草をまとめる，納屋の掃除）
8.0	運搬（重い荷物）
8.3	荷物を上の階へ運ぶ
8.8	階段を上る（速く）

（出典：厚生労働省，健康づくりのための身体活動基準2013）

表15-3　各種生活活動のメッツ対応表（3メッツ未満，軽強度）

メッツ	3メッツ未満の生活活動の例
1.8	立位（会話，電話，読書），皿洗い
2.0	ゆっくりした歩行（平地，非常に遅い＝53m/分未満，散歩または家の中），料理や食材の準備（立位，座位），洗濯，子どもを抱えながら立つ，洗車・ワックスがけ
2.2	子どもと遊ぶ（座位，軽度）
2.3	ガーデニング（コンテナを使用する），動物の世話，ピアノの演奏
2.5	植物への水やり，子どもの世話，仕立て作業
2.8	ゆっくりした歩行（平地，遅い＝53m/分），子ども・動物と遊ぶ（立位，軽度）

（出典：厚生労働省，健康づくりのための身体活動基準2013）

表15- 4　各種運動のメッツ対応表（3メッツ以上，中強度～高強度）

メッツ	3メッツ以上の運動の例
3.0	ボウリング，バレーボール，社交ダンス（ワルツ，サンバ，タンゴ），ピラティス，太極拳
3.5	自転車エルゴメーター（30-50ワット），自体重を使った軽い筋力トレーニング（軽・中強度），体操（家で，軽・中強度），ゴルフ（手引きカート），カヌー
3.8	全身を使ったテレビゲーム（スポーツ・ダンス）
4.0	卓球，パワーヨガ，ラジオ体操第1
4.3	やや速歩（平地，やや速めに＝93m/分），ゴルフ（クラブを担いで運ぶ）
4.5	テニス（ダブルス），水中歩行（中強度），ラジオ体操第2
4.8	水泳（ゆっくりとした背泳）
5.0	かなり速歩（平地，速く＝107m/分），野球，ソフトボール，サーフィン，バレエ（モダン，ジャズ）
5.3	水泳（ゆっくりとした平泳ぎ），スキー，アクアビクス
5.5	バドミントン
6.0	ゆっくりとしたジョギング，ウェイトトレーニング（高強度，パワーリフティング，ボディビル），バスケットボール，水泳（のんびり泳ぐ）
6.5	山を登る（0-4.1kgの荷物をもって）
6.8	自転車エルゴメーター（90-100ワット）
7.0	ジョギング，サッカー，スキー，スケート，ハンドボール
7.3	エアロビクス，テニス（シングルス），山を登る（約4.5kg-9.0kgの荷物を持って）
8.0	サイクリング（約20km/時）
8.3	ランニング（134m/分），水泳（クロール，ふつうの速さ，46m/分未満），ラグビー
9.0	ランニング（139m/分）
9.8	ランニング（161m/分）
10.0	水泳（クロール，速い，69m/分）
10.3	武道・武術（柔道，柔術，空手，キックボクシング，テコンドー）
11.0	ランニング（188m/分），自転車エルゴメーター（161-200ワット）

（出典：厚生労働省，健康づくりのための身体活動基準2013）

表15- 5　各種運動のメッツ対応表（3メッツ未満，軽強度）

メッツ	3メッツ未満の運動の例
2.3	ストレッチング，全身を使ったテレビゲーム（バランス運動，ヨガ）
2.5	ヨガ，ビリヤード
2.8	座って行うラジオ体操

（出典：厚生労働省，健康づくりのための身体活動基準2013）

おける，エネルギー消費量が1.5メッツ以下のすべての覚醒行動」とされ，最近の研究では，この座位行動をなるべく減らし，1.6～3.0メッツ未満の低強度（light）の身体活動であっても，身体活動を増やすことで健康に有益であることが明らかになっている。

3. 目標とする全身持久力

　第14章では，全身持久力の向上が生活習慣病予防に重要と述べたが，全身持久力とはある運動強度の身体活動を一定の時間，継続できる能力のことである。表15-6に，厚生労働省による男女・年代別の全身持久力の目標基準が示されている。例えば40歳から59歳の男性の目標は，10メッツ，つまり，表15-4の運動の目安でいうと，ゆっくりとしたジョギングに相当し，1分あたり161mの速度を3分以上実施できる能力と

表15-6　男女・年代別の全身持久力の目標基準

年　　齢	18～39歳	40～59歳	60～69歳
男　　性	11.0 メッツ	10.0 メッツ	9.0 メッツ
	（39ml/kg/分）	（35ml/kg/分）	（32ml/kg/分）
女　　性	9.5 メッツ	8.5 メッツ	7.5 メッツ
	（33ml/kg/分）	（30ml/kg/分）	（26ml/kg/分）

注：上記に示す強度での運動を3分以上継続できた場合，その基準を満たすと評価
　　（　）内は最大酸素摂取量（1メッツ＝3.5ml/kg/分）を示す。
参考：7.0メッツ相当；ジョギングまたは平地歩行7.2km/時
　　　8.3メッツ相当；ランニング134.1m/分または平地歩行8.0km/時
　　　9.8メッツ相当；ランニング160.9m/分または3％の上り坂歩行8.0km/時
　　　11.0メッツ相当；ランニング187.7m/分または自転車エルゴメータ161-200ワット
　　　（出典：厚生労働省，健康づくりのための身体活動基準2013）

なる。表15-6のかっこ内の数字は最大酸素摂取量で，概算1メッツあたり3.5ml/kg/分で計算される。最大酸素摂取量が10メッツである場合は，1分あたり体重1kgあたりで酸素35mlを摂取する能力となる。世界の身体活動に関する推奨は，身体活動の増加による全身持久力の改善を期待しているものである。

4. 身体活動の強度の目安

　二つの代表的な方法，カルボーネン法と，主観的（自覚的）運動強度を参考にする。詳細は，第8章および9章を参照されたい。

5. 身体活動を安全に開始するために

　身体活動や全身持久力の向上が，生活習慣病などに対しメリットがあることは述べてきたが，糖尿病や高血圧症，心疾患，脳卒中などの既往のある人，診断されていないがリスクのある人は，身体活動の開始が具体的なリスクとなりうる。例えば，身体活動により過度な血圧上昇，不整脈誘発，低血糖，血糖コントロール悪化，変形性関節症の悪化，眼底出血，心不全，大動脈解離，脳出血など生命に関わる心血管事故となりうる。せっかく健康のために始めた運動が，症状の悪化や死亡につながらないように留意する必要がある。

（1）　身体活動開始前の事前スクリーニング

　表15-7はカナダで開発された身体活動の開始前に行う簡単なアンケートである。7つの簡単な質問にすべて「いいえ」であれば，運動やその他の活動に問題なく参加できるとされる。一つでも「はい」であれば，さらに慢性疾患（がん，心血管疾患，糖尿病など）に関するアンケートがあり，追加の質問に対する答えが「いいえ」であれば，同様に

表15-7　身体活動開始前のアンケート（PAR-Q+）

今までこのようなことを言われたことがありますか？

☐ 心臓に問題がある，または血圧が高いと言われたことがある

☐ 安静時や日常生活，または運動時に胸に痛みを感じる

☐ 過去12ヶ月以内に，ふらつきのためバランスを失うか，あるいは気を失ったことがある

☐ 心疾患，高血圧以外で慢性的な内科疾患と診断されている

☐ 慢性的な内科疾患のため，処方薬を内服している

☐ 身体活動により悪化する関節，骨，筋肉などの整形外科的問題がある

☐ かかりつけ医に身体活動に医学的な監視が必要と言われている

注：上記の質問にすべて「いいえ」と答えた場合は，身体活動の開始に制限はない

（出典：Warburtonら，2011より著者改変）

参加できる。この方法をとると，医療従事者による許可を必要とする人は，約1％となり，多くの人が，ためらわずに，安全に身体活動に参加できるようになる。

（2）　運動開始前に留意すべき心血管疾患

　表15-8に運動参加前にチェックすべき心血管疾患の既往のリストを示す。身体活動中には，循環動態が変化し，心臓での酸素需要が増加することから，疾患により予備能がない状態では，疾患を増悪させる可能性がある。一方，心筋梗塞や心不全を起こしたからといって，身体活動が必ずしも禁忌となるわけではない。超急性期には安静が必要であるが，近年，心臓リハビリテーションの研究が進み，医療者の慎重な監視下で身体活動を徐々に上げていくことが心疾患の死亡率を減らし，再入院率を低下させ，生活の質を改善することが示されている。したがって，心疾患のある場合には，医師の監視下で，疾患の種類や程度に合わせて，どの強度まで，どの程度の身体活動が可能であるかを確認する必要がある。

表15-8　心疾患で注意すべき既往歴

心筋梗塞
心臓手術
心臓カテーテル検査
冠動脈形成術（PTCA/PCI）
ペースメーカー，自動除細動器（ICD）
不整脈
心臓弁疾患
心不全
心臓移植
先天性心疾患

表15-9　注意すべき心血管疾患のリスク

45歳以上の男性
55歳以上の女性，子宮摘出後，更年期
喫煙者，半年以内に禁煙始めた者
血圧＞140mmHg/90mmHg
自分の血圧を知らない
降圧薬を内服中
コレステロール＞200mg/dl
自分のコレステロール値を知らない
心筋梗塞や心臓手術の家族歴（男性55歳前，女性65歳前）
運動不足（＜30分以上の身体活動を週最低3日以上）
9Kg以上の体重増加

（3）　留意すべき心血管疾患のリスク

　表15-9に，心疾患の既往はないものの，心血管疾患の注意すべきリスクを示す。心筋梗塞で受診する患者の半分は，その前に心疾患と診断されたことのない新規の患者であり，リスクの評価も重要である。日本では，心筋梗塞など虚血性心疾患の人口当たりの発症率・死亡率は，欧米に比較し低いが，その要因としては，喫煙や脂質異常症，糖尿病，運動不足などに暴露された期間がまだ十分でないことが挙げられる。近年

の糖尿病などの代謝性疾患の増加および身体活動量の低下により，今後上昇に転じる可能性が高い。

　次に，激しい運動中におきる心筋梗塞のリスクに関して，普段運動習慣のない人が突然激しい運動を行うと，心筋梗塞の危険が100倍以上になることが示されている（図15-2）。一方，身体活動習慣のある人が激しい運動を行う際の心筋梗塞のリスクは，週あたりの高強度活動の回数が多いほど，リスクが低くなる。運動習慣のない人がいきなり激しい運動を始めることは，健康のためには避けるべきである。

（4）　運動負荷心電図検査

　心疾患のリスクがある場合には，運動開始を許可するのに虚血性心疾患のスクリーニングを行う場合がある。運動負荷心電図検査はトレッドミルやエルゴメーターで段階的に運動の負荷を上げながら，心電図，血圧をモニターして，主に心電図の ST 変化，症状の発現，運動耐容能を見る検査である。虚血性の変化が認められない場合は，運動の負荷として，目標心拍数を予測最大心拍数（220－年齢）の約85％から90％の心拍数として実施する。安全のため，胸痛出現や0.1mV 以上の心電図 ST 変化，不整脈出現や血圧の変化など，運動中止基準が定められている（表15-10）。

（5）　心疾患以外の留意すべき疾患，状態

　表15-11に心疾患以外の留意すべき疾患，状態を示す。軽度の糖尿病であれば，むしろ身体活動を増やすことが，治療の一部となるが，糖尿病の合併症が進み，眼底出血を起こしている場合や，糖尿病性腎症が進行している場合などは身体活動が制限される状況となる。その他，呼吸器疾患も運動で症状が悪化する場合があり，医師の確認が必要である。

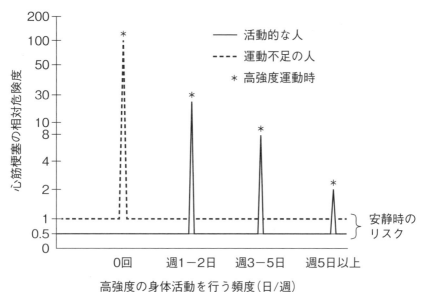

図15-2 安静時及び高強度活動時の心筋梗塞のリスク
（出典：Franklin ら，2014より著者改変）

表15-10 運動負荷テストを中止すべき徴候

狭心症様の症状（胸痛，胸部圧迫感）
循環不全（ふらつき，混乱，失調，蒼白，チアノーゼ，悪心，冷汗）
息切れ，喘鳴，下肢の痙攣，跛行
過度な疲労を示す身体的，言語的な徴候
被験者が中止を要求
運動負荷中の収縮期血圧10mmHg 以上の低下
過度な血圧の上昇（収縮期250mmHg または拡張期115mmHg）
運動負荷中に心拍数が増加しない
明らかな心拍リズムの乱れ
測定装置の不具合

（出典：内藤久士ら，2020より著者作表）

表15-11　心疾患以外で留意すべき疾患，状態

糖尿病
喘息，呼吸器疾患
歩行時の下半身の痛みやだるさ
身体活動を制限する整形外科的な問題
運動を安全に実施する上での懸念
内服薬
妊娠

表15-12　運動前に注意すべき症状

運動時（労作時）の胸部不快感
原因のわからない息苦しさ
めまい，ふらつき，失神
心疾患の薬を内服

歩行時の下半身の痛みやだるさは，別名間欠性跛行とよばれ，閉塞性動脈硬化症や腰部脊柱管狭窄症に伴って見られることが多く，まずは医療機関の受診が必要である。整形外科的な問題である変形性膝関節症などでは，大腿四頭筋の筋力をアップさせる運動療法が治療に重要であるが，路面の悪い道路での歩行や，膝が腫脹して熱を持っているときなど，運動の種類や程度に制限を及ぼすため，医師と相談しながら運動療法を行う必要がある。

（6）　その他運動前に留意すべき症状

　表15-12に，運動を始める前に注意すべき症状を示す。運動時や生活上での活動時（重いものを持つ，階段を上がるなど）に，胸痛や胸部不快感が出現し安静で軽快する場合は，労作性狭心症が疑われる。すぐに医師の診断が必要であり，心筋梗塞や致死性不整脈の原因となる。また，糖尿病などでは，無痛性心筋梗塞といって，胸痛がなくても心筋梗塞に

なることがあり，原因のわからない息苦しさが唯一の症状であることがある。めまい，ふらつき，失神も心疾患や脳梗塞が原因でなることがあり，運動を始める前に医師の確認が必要である。また，医療機関にはかかっているものの，診断名を知らずに，心疾患の薬を内服している場合があり，問診上は，心疾患なしと申告するものの，運動開始前には確認が必要である。

6. 身体活動に伴うリスク

（1） 運動と若年者突然死

　生活習慣病は，中高年以降に多く見られ，突然死の一つである心筋梗塞の平均発症年齢は男性62歳〜65歳，女性は70〜74歳と報告されている。

　一方，若年者で運動を行っている最中に突然死することが稀にある。表15-13は，ミネアポリス心臓研究所に1980年から2005年まで登録された若年競技者1,435人の運動関連突然死の原因頻度である。若年者の運動中の関連死の心血管系の原因は，肥大型心筋症や冠動脈の先天奇形，大動脈狭窄症などで，遺伝的な原因や先天性の原因が多くを占めることが分かる。若年者の突然死を防ぐための効果的なスクリーニング方法は確立していない。運動中の失神の既往，心電図，心臓超音波検査などがスクリーニングに役立つが，これらをすべての運動参加する若年者に実施することは難しく，予測が困難である。

（2） 運動と脳振盪

　ラグビーやアメリカンフットボールなど，体を激しくぶつけ合うスポーツでは，脳への外傷の結果として脳振盪が起きやすい。近年，何度も脳振盪を起こすことにより，脳への後遺症が残ることが明らかになっ

表15-13　若年競技者の運動関連突然死の原因（心血管系）

心血管系の原因	頻　度
肥大型心筋症または疑い	44%
冠動脈先天奇形	17%
心筋炎	6 %
不整脈源性右室心筋症	4 %
僧帽弁逸脱症	4 %
心筋架橋	3 %
冠動脈疾患	3 %
大動脈弁狭窄症	3 %
イオン受容体異常	3 %
拡張型心筋症	2 %
大動脈破裂	2 %
他の先天性心疾患	2 %
サルコイドーシス	1 %
その他	3 %
正常心	3 %

（出典：Maron ら，2007より著者作表）

表15-14　脳振盪の症状

身体症状（頭痛，めまい，耳鳴り，嘔気，嘔吐など）
感覚異常（霧がかかったような感覚など）
精神症状（不安など）
身体徴候（意識消失，意識障害，健忘など）
行動変化（イライラなど）
認知障害（運動反応速度の低下など）
睡眠障害（不眠など）
80-90% は 7 -10日で回復も，小児や中高生では回復遅延
CT, MRI など画像診断は正常

（出典：McCrory ら，2013より著者作表）

表15-15　慢性外傷性脳障害

アンドゥルー・ウォーターズが該当（1984-1995年プレイ）
米国フットボールリーグで３人目の慢性外傷性脳障害の犠牲者
他マイク・ウエブスター，テリー・ロング
共通の症状あり
急激な認知症状の悪化
短期記憶障害（物忘れ）
精神症状（妄想，パニック障害，うつ病，自殺）
80代のアルツハイマー患者様の脳の変化

（出典：Cantu, 2007より著者作表）

てきた。脳振盪の症状を表15-14に示す。頭部への打撲による痛みの他に，不眠や，健忘症，イライラ感，バランス障害，記憶力低下など多岐にわたるが，ほとんどは，７日から10日で自然に回復する一過性の症状である。しかし，表15-15に示すように，アメリカンフットボールで活躍したスター選手が，引退後，認知症状の進行と精神症状を示し，最終的に自殺してしまった事実が明らかになった。解剖の結果，44歳の若さながら，80代のアルツハイマー患者と同様な脳の変化が認められたのである。このこともあり，慢性外傷性脳障害の概念が確立し，脳振盪からの復帰には，時間をかけて徐々に戻すことが必須になった。一旦脳振盪を起こすと，症状がすぐに消失しても，最低約１週間以上は試合には戻らないことが必要であり，こと若年者では，回復が遅れることから，最低３週間は医師の許可がなければ戻れないことを運動の現場では認識する必要がある。

（3）　身体活動と熱中症

　運動中の環境や安全に留意することも，運動中の熱中症や事故を防ぐ上で重要である。

　熱中症とは，暑熱環境における身体適応の障害によって起こる状態の総称であり，暑熱による諸症状を呈するもので，他の原因疾患を除外したものを熱中症と診断する。暑熱環境にいる，またはその後の体調不良で，めまい，立ちくらみ，大量の発汗，筋肉痛，こむら返り，頭痛，嘔吐，倦怠感，意識障害，痙攣発作などの症状を含む。

　熱中症にかかるパターンには2つあり，一つは，暑熱環境下での屋外での労作や運動に伴うもので，若年男性のスポーツ，中壮年男性の労働で頻度が高く，重症例は少ない。もう一つは，日常生活の中で起こる非労作性環境で起こるもので，高齢者に多く，屋内でも発症し，精神疾患や心疾患など基礎疾患を有する人はリスクが高く，熱中症による関連死の危険因子である。

（4）　身体活動と感染症

　2019年に中国武漢を発端とした新型コロナウイルス感染症は，世界中の生活様式を一変させ，スポーツ活動や身体活動などを含めた社会全般に影響を及ぼした。感染症のリスクを下げるため，人々の身体活動量が全般に低下しており，それに伴う健康被害が危惧される。

7．身体活動のガイドライン

　厚労省による日本の身体活動基準2013を示すとともに，2020年にだされたWHOによる推奨を参考に示す。糖尿病の運動処方に関しては，米国スポーツ医学会のものである。

（1）　健康づくりのための身体活動基準2013（厚労省）
1）検診結果正常の成人（18−64歳）
　厚生労働省が定めた健康づくりのための身体活動基準2013を表15-16

表15-16 健康づくりのための身体活動基準2013

血糖・血圧・脂質に関する状況		身体活動（＝生活活動＋運動）	運　動	体力（うち全身持久力）
健診結果が基準範囲内	65歳以上	強度を問わず、身体活動を毎日40分（＝10メッツ・時/週）	―	―
	18～64歳	3メッツ以上の強度の身体活動を（歩行またはそれと同等以上）毎日60分（＝23メッツ・時/週）	3メッツ以上の強度の運動を（息が弾み汗をかく程度）毎週60分（＝4メッツ・時/週）	性・年代別に示した強度での運動を約3分間継続可能（表15-5に示した強度での運動を約3分継続可能）
	18歳未満	【参考】幼児期運動指針：「毎日60分以上、楽しく体を動かすことが望ましい」	―	―
		（例えば10分多く歩く／今より少しでも増やす）	（運動習慣をもつようにする　30分以上・週2日以上）	
血糖・血圧・脂質のいずれかが保健指導レベルの者		医療機関にかかっておらず、対象者が運動開始前・実施中に自ら体調確認ができるよう支援した上で、保健指導の一環としての運動指導を積極的に行う。		
リスク重複者又は受診勧奨者		生活習慣病患者が積極的に運動をする際には、安全面での配慮が特に重要になるので、かかりつけの医師に相談する。		

（出典：厚生労働省，健康づくりのための身体活動基準2013）

に示す。検診結果に異常がなく，症状がない成人（18−64歳）に対しては，3メッツ（歩行またはそれと同等以上）以上の強度の身体活動（生活活動または運動）を1週間あたり23メッツ・時以上行うことが推奨されている。また，息が弾み汗をかく程度の強度の運動を週2日以上，60分行うこととし，運動習慣を持つこととなっている。全身持久力の目標としては，表15−6に相応した性別，年齢別のメッツの運動強度を3分間継続できる基準が推奨されている。

2）検診結果正常の高齢者（65歳以上）

　安全性や，実現可能性を考え，強度を問わず毎日40分の身体活動が推奨されている。1週間当たり10メッツ・時以上の身体活動量が推奨されている。速歩き30分を週5回が目安となる。「健康づくりのための身体活動基準2013」では，絶対的な量ではなく，今より10分でも多く歩くことを推し進める「プラス10」が強調されている。

3）検診結果正常の若年者（18歳未満）

　子どもの体力の章（第11章）を参照。

4）血糖，血圧，脂質のいずれかが保護指導レベルの者

　医療機関にかかっていれば医師の確認となり，かかっていなければ，表15−7の身体活動参加前のスクリーニングに異常がなければ，体調を確認しながら，運動を開始して良いとなっている。過度にリスクを恐れて運動を避けることは，全体的に見ると生活習慣病の増加をまねくため，実施容易な中強度の歩行を促すことが重要である。

5）リスク重複者または受診が勧められている者

すでに生活習慣病が複数あり，運動する際にリスクのある者は，医師に確認をして，運動の強度や程度を確認することが推奨される。

6）1日歩数の目標

健康づくりのための身体活動基準2013では，1日の歩数の平均値の目標を男性9,000歩，女性8,500歩としている。これは，成人目標の3メッツ以上の強度の身体活動を23メッツ・時/週とすると，1日あたり約6,000歩に相当し，意識しない日常生活の2,000〜4,000歩を加えて8,000〜10,000歩となることから健康日本21の目標としている。

（2）　WHO身体活動推奨2020（図15-3〜15-6）

WHOの推奨では，座位時間を減らし，軽強度の活動（1.6〜2.9メッツ）でも身体活動を増やすと健康上有益であることを強調している。また，高齢者の活動基準を，成人と同じ推奨内容として高い基準を設けている点が，日本の推奨と異なる点である。

1）成人（18歳から64歳）の身体活動の推奨（図15-3）

少なくとも，週に150分から300分以上の中強度の有酸素活動，または75分から150分の高強度の身体活動，または同等の中強度と高強度の組み合わせの身体活動を推奨する。大きな筋群を使った中強度から高強度の筋力運動を週2回以上加えると，さらに健康上有益である。中強度の有酸素の身体活動を週に300分以上または，高強度の身体活動を週に150分以上増やすと，さらに健康上有益である。座位時間を減らし，その代わりに軽い活動でもよいので，身体活動を行うと健康上有益である。

2）65歳以上の高齢者の身体活動の推奨（図15-4）

　成人と同じ推奨内容である。加えて，高齢者は，バランス機能や筋力に重点をおいた転倒予防につながる多目的な身体活動を週3回以上行う。

図15-3　WHO 身体活動推奨2020（成人18−64歳）

（出典：WHO, guidelines on physical activity and sedentary behaviour, 2020より著者改変）

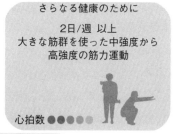
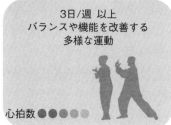

図15-4　WHO 身体活動推奨2020（高齢者65歳以上）

（出典：WHO, guidelines on physical activity and sedentary behaviour, 2020より著者改変）

3）子ども（5歳から17歳まで）の身体活動の推奨（図15-5）

1日平均60分以上，有酸素中心の中強度から高強度な身体活動を，週を通して行う。週に3回以上は，筋肉や骨を強化する動作を，高強度な有酸素活動と組み合わせて行う。座位時間を避け，特に遊びで画面を見

図15-5　WHO 身体活動推奨2020（子供5－17歳）

（出典：WHO, guidelines on physical activity and sedentary behaviour, 2020より著者改変）

＊妊婦は，バランスを崩し転倒する危険や，腹部への外傷の危険のあるスポーツや活動は避ける（サッカー，バスケット，アイスホッケー，ローラーブレード，馬術，スキー，スノーボード，スキューバダイビング，ラケットスポーツ）

図15-6　WHO 身体活動推奨2020（妊婦，産後）

（出典：WHO, guidelines on physical activity and sedentary behaviour, 2020より著者改変）

ている時間を制限する。

4）妊婦や産後の女性の身体活動の推奨（図15-6）

　禁忌がない場合，中強度の有酸素活動を週に150分以上行う。種々の有酸素活動や筋力運動を組み入れる。妊婦は，バランスを崩し転倒する危険や腹部への外傷の危険のあるスポーツや活動は避ける。座位時間を制限して，その代わりに軽い活動でもよいので，身体活動を行うと健康上有益である。

（3）　糖尿病の運動処方（表15-17）

　生活習慣病の中心となる糖尿病は2型であり，食事療法，薬物療法とともに，運動療法が治療の柱となる。運動処方としては，週3〜7日，中強度から高強度の有酸素運動が週150分推奨されている（表15-17）。

表15-17　糖尿病の運動処方

	有酸素運動	レジスタンス運動	柔軟運動
頻度	週3-7日	週に連続しない2日，週3日が望ましい	週2-3回以上
強度	中強度（40-59%$\dot{V}O_2R$ または RPE11-12）〜高強度（60-89%$\dot{V}O_2R$ または RPE14-17）	中強度（50-69% 1 RM）〜高強度（70-85% 1 RM）	こわばりまたは軽い不快を感じるところまでのストレッチング
時間	1型糖尿病：中強度週150分または高強度週75分または上記組み合わせ　2型糖尿病：中強度〜高強度週150分	反復10-15回1-3セットの運動を8-10セッション　徐々に負荷を重くして，反復8-10回1-3セット行う	ストレッチを保持10-30秒；2-4回繰り返し
種類	大きな筋群を使うリズミカルな，継続した運動（ウォーキング，自転車，水泳）	トレーニングマシンフリーウエート	静的，動的，PNFストレッチ

　1 RM：最大挙上重量　PNF：固有受容体神経筋促進法
　RPE：自覚的運動強度　$\dot{V}O_2R$：酸素摂取予備能

（出典：ACSM, 2017より著者改変）

運動の種類としては，大きな筋群（大腿，体幹，上腕）を使うある程度継続した運動が進められ，ウォーキング，水泳，自転車の3大有酸素運動が推奨されている。トレーニングマシンやフリーウエートを使用したレジスタンス運動やストレッチングも示されている。

8. まとめ

　運動が健康に良いからといって，安易に急に激しい強度の運動を始めることは，心疾患や整形外科的問題を誘発し，リスクとなる場合がある。安全に身体活動を始めるために，自身の健康状況を確認し，基準に沿って，自身に合う適度な強度の身体活動の種類や頻度，時間を徐々に計画して楽しみながら継続することが，運動習慣の実践に重要である。

参考文献

1．厚生労働省．「健康づくりのための運動指針2006」
　　http://www.mhlw.go.jp/bunya/kenkou/undou02/pdf/data.pdf（参照日2021年11月12日）
2．厚生労働省．「健康づくりのための身体活動基準2013」
　　http://www.mhlw.go.jp/stf/houdou/2r9852000002xple-att/2r9852000002xpqt.pdf（参照日2021年11月12日）
3．Warburton et al. The Physical Activity Readiness Questionnaire (PAR-Q+) and electronic Physical Activity Readiness Medical Examination (ePARmed-X+). *Health Fitness J Can*, 4(2): 3-23, 2011.
4．循環器病の診断と治療に関するガイドライン（2011年度合同研究班報告）．虚血性心疾患の一次予防ガイドライン（2012年改訂版），2012．
　　https://www.j-circ.or.jp/cms/wp-content/uploads/2020/02/JCS2012_shimamoto_h.pdf（参照日2021年11月10日）

5．Maron BJ et al. Recommendations and considerations related to preparticipation screening for cardiovascular abnormalities in competitive athletes: 2007 update: a scientific statement from the American Heart Association Council on Nutrition, Physical Activity, and Metabolism: endorsed by the American College of Cardiology Foundation. *Circulation*, 115(12): 1643-1655, 2007.

6．Franklin BA et al. Preventing exercise-related cardiovascular events: is a medical examination more urgent for physical activity or inactivity? *Circulation*, 129(10): 1081-1084, 2014.

7．内藤久士，柳谷登志雄，小林裕幸，高橋祐治．パワーズ運動生理学　体力と競技力向上のための理論と応用（原書第10版），メディカル・サイエンス・インターナショナル，2020.

8．McCrory P. et al. Consensus statement on concussion in sport: the 4th International Conference on Concussion in sport held in Zurich, November 2012. *Br J Sports Med*, (715): 250-258, 2013.

9．Cantu RC. Chronic traumatic encephalopathy in the National Football League. *Neurosurgery*, 61(2): 223-225, 2007.

10．WHO guidelines on Physical Activity and Sedentary Behaviour. World Health Organization 2021.
https://www.who.int/publications/i/item/9789240015128（参照日2021年11月12日）

11．ACSM's guidelines for Exercise Testing and Prescription, 10th edition, Kindle American College of Sports Medicine. Wolters Kluwer Health, 2017.

索引

●配列は五十音順。＊は人名を示す。

分担執筆者紹介

（執筆の章順）

内丸　仁（うちまる・じん）

・執筆章→7・8・9

1970年	北海道名寄市生まれ
1996年	順天堂大学大学院体育学研究科修了
2003年	順天堂大学大学院スポーツ健康科学研究科博士課程単位取得満期退学
2007年	東北大学大学院医学系研究科　学位：博士（医学）取得
現在	仙台大学教授
専攻	運動生理学，トレーニング科学

主な著書・訳書

『新・スポーツ生理学』（共著，市村出版）

『アスリートのための栄養・食事ガイド第3版』（共著，第一出版）

鈴木　宏哉 (すずき・こうや)

・執筆章→10・11

1977年	岩手県生まれ
1999年	順天堂大学スポーツ健康科学部卒業
2006年	筑波大学大学院体育科学研究科博士課程修了，博士（体育科学）
2021年	東亜大学総合人間・文化学部講師，東北学院大学教養学部准教授を経て，現在，順天堂大学スポーツ健康科学部先任准教授

専攻　発育発達学，体力学，測定評価学

主な著書・訳書

『子どもがやる気になる！！スポーツ指導』（学文社）

『スポーツと君たち：10代のためのスポーツ教養』（大修館書店）

『数学の苦手な人が書いた寄り道統計学』（東北大学出版会）

『スポーツプログラマー（専門科目）テキスト』（日本体育施設協会）

『スポーツ白書2020』（笹川スポーツ財団）

『子どものスポーツ格差：体力二極化の原因を問う』（大修館書店）

渡邉　貴裕（わたなべ・たかひろ）

・執筆章→12・13

1973年　山形県生まれ
1997年　順天堂大学スポーツ健康科学部卒業
1999年　順天堂大学大学院スポーツ健康科学研究科修士課程修了
2011年　東京都杉並区立済美養護学校教諭，東京学芸大学附属特別
　　　　支援学校教諭を経て，現在，順天堂大学スポーツ健康科学
　　　　部先任准教授，博士（スポーツ健康科学）
専攻　　特別支援教育学，障害者スポーツ
主な著書・訳書
　　　　『特別支援学校・特別支援学級・通級による指導・通常の
　　　　学級による支援対応版発達障害／知的障害／情緒障害の教
　　　　育支援ミニマムエッセンス心理・生理・病理，カリキュラ
　　　　ム，指導・支援法』（編著，福村出版）
　　　　『発達障害白書　コロナ禍における特別支援学校の教育
　　　　（体育・保健体育）』（渡邉貴裕，日本発達障害連盟編，明
　　　　石書店）
　　　　『教職コアカリキュラム対応版キーワードで読み解く特別
　　　　支援教育・障害児保育＆教育相談・生徒指導・キャリア教
　　　　育』（編著，福村出版）
　　　　Promotion of Disabled Sports and the Paralympic
　　　　Movement in Japan: Initiatives to Train Disabled Sports
　　　　Instructors at Physical Education Universities. Watanabe,
　　　　T. *Juntendo Medical Journal*, 66 Suppl 1, 83-87, 2020.
　　　　『日本における障害者スポーツの推進に向けた取り組み』
　　　　（渡邉貴裕，発達障害研究，40(3): 237-245, 2018.）

小林　裕幸（こばやし・ひろゆき）

1965年	北海道帯広市生まれ
1990年	防衛医科大学校卒業
1993年	米国カリフォルニア大学家庭医療レジデンシー修了
現在	筑波大学医学医療系教授，スポーツ医学専攻教員
	筑波大学附属病院水戸地域医療教育センター　センター長
	水戸協同病院　総合診療科
	順天堂大学スポーツ健康科学部客員教授
専攻	総合診療，スポーツ医学

主な著書・訳書

『総合医のためのスポーツ医学ベーシックス』（総合診療，羊土社）

『パフォーマンスを向上させる栄養学的および薬理学的な補助』（運動生理学大事典，翻訳，西村書店）

『パワーズ運動生理学　体力と競技力向上のための理論と応用』（翻訳，メディカル・サイエンス・インターナショナル）

『診察室でも現場でも実践！　スポーツ医学　病院外でのスポーツ診療の実際　もしサッカーのマッチドクターを頼まれたら』（治療102号5号，南山堂）

編著者紹介

関根　紀子（せきね・のりこ）
・執筆章→1・2・3・4・5・6

1973年	秋田県生まれ
1995年	新潟大学教育学部小学校教員養成課程保健体育科卒業
1997年	新潟大学大学院教育学研究科修了，教育学修士
2000年	新潟大学大学院自然科学研究科博士後期課程修了，博士（学術）
2022年	国立長寿医療センター研究所，Dartmouth College，順天堂大学スポーツ健康科学部を経て，現在放送大学教授，順天堂大学客員准教授
専攻	運動生理学，運動生化学，体力科学
主な論文・著書	

『パワーズ運動生理学　体力と競技力向上のための理論と応用』（翻訳，範囲：第10～12章，メディカル・サイエンス・インターナショナル）

『健康・スポーツ科学研究』（共著，範囲：第1～2章，第4～6章，第9章，第13章，放送大学教育振興会）

Hydrogen sulfide donor protects against mechanical ventilation-induced atrophy and contractile dysfunction in the rat diaphragm. Ichinoseki-Sekine et al., Clin Transl Sci. 2021.

Heat stress protects against mechanical ventilation-induced diaphragmatic atrophy. Ichinoseki-Sekine N et al., *J Appl Physiol (1985)*. 117(5): 518-24, 2014

Provision of a voluntary exercise environment enhances running activity and prevents obesity in Snark-deficient mice. Ichinoseki-Sekine N et.al., *Am J Physiol Endocrinol Metab*. 296(5): E1013-21, 2009.

図表　クレジット一覧

(p. 16)　図1-7：Republished with permission of Wolters Kluwer Health, Inc., from *Medical Physiology*, Rodney A. Rhoades, George A. Tanner, 2017; permission conveyed through Japan UNI Agency, Inc., Tokyo

(p. 81)　図5-10：Republished with permission of American Physiological Society, from Muscle respiratory capacity and fiber type as determinants of the lactate threshold, J.L. Ivy, R.T. Withers, P.J. Van Handel, et al., *Journal of Applied Physiology*, 48(3): 523-527, 1977; permission conveyed through Copyright Clearance Center, Inc. through Japan UNI Agency, Inc., Tokyo

(p. 97)　図6-11：Republished with permission of Wolters Kluwer Health, Inc., from *Exercise Physiology*, William D. McArdle, Frank I. Katch, Victor L. Katch, 2014; permission conveyed through Japan UNI Agency, Inc., Tokyo

(p. 103)　図7-3：Republished with permission of Physiological Society (Great Britain), from Human circulatory and thermoregulatory adaptations with heat acclimation and exercise in a hot, dry environment, *The Journal of Physiology*, 460(1): 467-485, 1878; permission conveyed through Copyright Clearance Center, Inc. through Japan UNI Agency, Inc., Tokyo

(p. 105)　図7-5：Republished with permission of Wolters Kluwer Health, Inc., from Effects of ambient temperature on the capacity to perform prolonged cycle exercise in man, Stuart Galloway, Ronald Maughan, *Medicine & Science in Sports & Exercise*, 29(9): 1240-1249, 1997; permission conveyed through Japan UNI Agency, Inc., Tokyo

(p. 108)　図7-7：Republished with permission of American Physiological Society, from Muscular exercise in young men native to 3,100 m altitude, Grover, R.F. et al., *Journal of Applied Physiology*, 22(3): 555-564, 1967; permission conveyed through Copyright Clearance Center, Inc. through Japan UNI Agency, Inc., Tokyo

(p. 110)　図7-8：Republished with permission of Lancet Publishing Group, from The physiology of channel swimmers, Pugh, L.G.C., Edholm, O.G., *Lancet*, 269(6893): 761-768, 1955; permission conveyed through Copyright Clearance Center, Inc. through Japan UNI Agency, Inc., Tokyo

(p. 111)　図7-9：Republished with permission of Human Kinetics, Inc., from *Physiology of Sport and Exercise*, Costill, David L., Wilmore, Jack H., 1994; permission conveyed through Copyright Clearance Center, Inc. through Japan UNI Agency, Inc., Tokyo

(p. 112)　図7-10：Republished with permission of Wolters Kluwer Health, Inc., from Comparison of exercise in air and in water of different temperatures, Albert Craig and Maria Dvorak; *Medicine & Science in Sports & Exercise*, 1(3): 124-130, 1969; permission

放送大学教材　1140094-1-2211（テレビ）

改訂版　運動と健康

発　行　　2022年3月20日　第1刷
編著者　　関根紀子
発行所　　一般財団法人　放送大学教育振興会
　　　　　〒105-0001　東京都港区虎ノ門1-14-1　郵政福祉琴平ビル
　　　　　電話　03（3502）2750

市販用は放送大学教材と同じ内容です。定価はカバーに表示してあります。
落丁本・乱丁本はお取り替えいたします。

Printed in Japan　ISBN978-4-595-32328-7　C1375